Georg Braulik

Die deuteronomischen Gesetze und der Dekalog

D1730761

Stuttgarter Bibelstudien
145

Herausgegeben von
Helmut Merklein und Erich Zenger

Georg Braulik

Die deuteronomischen Gesetze und der Dekalog

Studien zum Aufbau von Deuteronomium 12–26

Verlag Katholisches Bibelwerk GmbH
Stuttgart

CIP-Titelaufnahme der Deutschen Bibliothek

Braulik, Georg:
Die deuteronomischen Gesetze und der Dekalog:
Studien zum Aufbau von Deuteronomium 12–26/
Georg Braulik. –
Stuttgart: Verl. Kath. Bibelwerk, 1991
(Stuttgarter Bibelstudien; 145)
ISBN 3-460-04451-9
NE: GT

Alle Rechte vorbehalten
© 1991 Verlag Katholisches Bibelwerk GmbH, Stuttgart
Gesamtherstellung: Wilhelm Röck GmbH, Weinsberg

Für
Gregor und Lukas Marcel

Inhaltsverzeichnis

Vorwort

Dieses Buch vereint drei Untersuchungen, die aus meiner Arbeit am Kommentar zum Buch Deuteronomium in der Neuen Echter Bibel erwachsen sind. Die erste Studie entstand bereits 1983 als Seminarvortrag am *Colloquium Biblicum Lovaniense* und wurde im Kongreßband unter dem Titel „Die Abfolge der Gesetze in Deuteronomium 12–26 und der Dekalog" veröffentlicht. Sie behandelte vor allem die Gesetzessystematik von Dtn 12–16,17 und 22,1–12. Ich habe sie für die vorliegende Publikation nochmals überarbeitet und erweitert. Weitgehend unverändert geblieben ist dagegen die Fortsetzung „Zur Abfolge der Gesetze in Deuteronomium 16,18–21,23", die 1988 als Artikel in der Zeitschrift *Biblica* erschienen ist. Aus dem gleichen Jahr stammt auch das Manuskript zu Deuteronomium 22,13–26,16, das aber bisher nicht veröffentlicht worden ist.
Die Anregung, aus alledem eine „Stuttgarter Bibelstudie" zu machen, verdanke ich Norbert Lohfink. Er hat die einzelnen Teile mehrfach kritisch gelesen und viele Details mit mir diskutiert. Dafür möchte ich ihm ganz besonders danken. Erich Zenger bin ich zu Dank verpflichtet, weil er das Opus dann in diese Reihe aufgenommen hat. Für die Hilfe bei der Gestaltung der Druckvorlage und beim Korrekturlesen danke ich herzlich Michael Weigl, Ursula Waldingbrett und Elfi Maria Reutner.
Ich widme das Buch Gregor Buchinger und Lukas Marcel Vosicky, meinen jüngsten Brüdern in der Wiener Schottenabtei.

8. Januar 1991 — Georg Braulik OSB

I. Gesetz und Dekalog – ein vom Deuteronomium selbst gestelltes Problem

(1) Der Dekalog bildet für das Dtn den Inbegriff des „Bundes", den Jahwe mit Israel am Horeb geschlossen hat (in 5,2.3 mit Mose als Partner des Volkes, in 28,69 ohne ihn). Bund und Dekalog werden sogar direkt miteinander identifiziert (4,13; 9,9.11). Nach der deuteronomischen Theorie hat Gott nur „diese Worte" unmittelbar zur ganzen Versammlung gesprochen (5,22). Das macht ihre unüberbietbare Dignität aus. Trotzdem bedurfte auch diese Offenbarung eines Mittlers: des Mose (5,5). Jahwe schrieb die „zehn Worte" auf zwei Steintafeln (4,13; 10,4) und übergab sie ihm (5,22; 10,4). Auf Einspruch des Volkes hin, den Jahwe akzeptierte, empfing Israel von damals an alle weiteren Willensäußerungen Jahwes nur vermittelt durch Mose (5,23–31). Mose seinerseits übergab diese Tora dann nach ihrer Niederschrift den Priestern (vgl. 10,4 mit 31,9), damit sie neben den Dekalogstafeln in der Bundeslade aufbewahrt würde (vgl. 10,5 mit 31,26). Für die künftige Vermittlung des jeweils aktuellen Gotteswortes aber wird Jahwe einen Propheten wie Mose erstehen lassen (18,15–18).

Das Dtn erklärt die Mittlerfunktion des Mose auf doppelte Weise. 5,31 zufolge hat Jahwe selbst ihm bereits „das ganze Gebot, die Gesetze und Rechtsvorschriften" *(kål hammiṣwâ haḥuqqîm wᵉhammišpāṭîm)* mitgeteilt, die er Israel lehren soll. Dagegen hat er nach 4,14 (vgl. V. 5) dem Mose nur befohlen, das Volk „Gesetze und Rechtsvorschriften" (*ḥuqqîm ûmišpāṭîm* – ohne Artikel) zu lehren, nicht aber ein neben dem Dekalog noch eigens mitgeteiltes Jahwegesetz zu wiederholen. Der Nachdruck liegt hier also auf dem Daß mosaischer Gesetzeslehre.[1] Wenn die Berichte vom Horebgeschehen die göttliche Zusatzoffenbarung an Mose beziehungsweise seinen Lehrauftrag örtlich (5,31) wie zeitlich (4,14) direkt mit der Dekalogspromulgation Jahwes verbinden, legen sie damit nahe, in den „Gesetzen und Rechtsvorschriften" eine informative (5,31) beziehungsweise autoritative (4,14) Interpretation des Dekalogs, etwas wie Durchführungsbestimmungen für eine konkrete Situation, zu sehen. Denn der Dekalog verpflichtet immer und überall, die Gesetze dagegen gelten nur in Israels eigenem Land (4,5; 12,1).[2] Bestätigt das Dtn ein solches Selbst-

---

[1] In ähnlicher Weise betont 4,13 die Niederschrift des Dekalogs, schweigt aber im Gegensatz zu 5,22 von einer Übergabe der beiden Tafeln an Mose.

[2] Vgl. *Braulik*, „Weisheit," 171 f. *Lohfink*, „Dtn 12,1".

verständnis der Gesetzesverkündigung als einer „Auslegung“ zuvor ergangener Jahwegebote?

(2) Tatsächlich gibt der Gebrauch des pluralischen Doppelausdrucks *haḥuqqîm w^e^hammišpāṭîm* einen ersten Hinweis, um das Verhältnis von Dekalog und deuteronomischen Einzelgesetzen zu klären. Seine ältesten Belege finden sich erst im Dtn, lassen also auf ein Proprium dieses Buches bei der Verwendung dieses Ausdrucks schließen. Darüber hinaus hat *N. Lohfink* jüngst nachgewiesen, daß *ḥuqqîm ûmišpāṭîm* hier erst im Zusammenhang mit dem Vorbau des Dekalogs eingeführt worden ist.[3] Die Promulgation des Dekalogs innerhalb des umfassenderen deuteronomischen Kodex provozierte nämlich die Frage, wie sich diese beiden Gesetzgebungen zueinander verhalten. Dazu entwickelt Dtn 5 narrativ eine Globaltheorie und bringt in 5,31 und 6,1 schließlich die „Aussage des deuteronomischen Gesetzes über sich selbst gewissermaßen ‚auf den Begriff‘“[4]. Der dafür gewählte Terminus *ḥuqqîm ûmišpāṭîm* deutet an, daß es sich um eine Mehrzahl von Rechtsbestimmungen *(ḥuqqîm)* handelt, und zwar solche *(û)*, die auf Entscheidungen einer Autorität in offenen oder unklaren Situationen zurückgehen *(mišpāṭîm)*. Die Bezeichnung könnte auch das Bewußtsein reflektieren, daß die Rechtsentscheide, noch ehe das Dtn sie ausdrücklich als Gottesrecht verkündete, zum Beispiel durch richterliche Urteile eingeführt worden sind, um juristisch eindeutige Zustände zu schaffen. Jetzt aber geht ihnen der Dekalog voraus. Dtn 5 erzählt nämlich, daß Jahwe, nachdem er dem Volk seine *miṣwôt*, den unmittelbar zuvor zitierten Dekalog,[5] gegeben hat (5,29), dem Mose *'et kål hammiṣwâ haḥuqqîm*[6] *w^e^hammišpāṭîm* mitteilte (5,31), die Mose schließlich dem Volk vermittelt (6,1). Damit ist das deuteronomische Gesetz gemeint, das durch die Apposition *ḥuqqîm ûmišpāṭîm* als autoritative Ergänzung und Klärung der *vom Dekalog* nur generell geregelten, im übrigen aber noch offenen Handlungsfelder charakterisiert wird.
Weitere Systematisierungen des Dtn haben diese Beziehung der Einzelgesetze zum Dekalog noch verstärkt. So wurde der Doppelausdruck selbständig, also nicht mehr in Apposition, gebraucht, um in 5,1 und 11,32 die Paränese und in 12,1 und 26,16 das Gesetzeskorpus zu rahmen. Eine genaue Exegese der mit ihm verbundenen Promulgationssätze und vor

[3] *Lohfink, „ḥuqqîm ûmišpāṭîm“.*
[4] *„ḥuqqîm ûmišpāṭîm,“* 7.
[5] *Braulik,* „Ausdrücke,“ 56 (= *Studien,* 28).
[6] Textkritisch ist dieser Lesart des Samaritanus der Vorzug vor jener des Masoretentextes *w^e^haḥuqqîm* zu geben – s. dazu *Lohfink, „ḥuqqîm ûmišpāṭîm,“* 2.

allem der Überschrift in 12,1 zeigt, daß *ḥuqqîm ûmišpāṭîm* im eigentlichen Sinn die Einzelgesetze von 12–26 bezeichnet.[7]
Sollte also durch „Gesetze und Rechtsvorschriften" der deuteronomische Kodex (12–26,16) als Auslegung des Dekalogs angedeutet werden, dann genügen die relativ wenigen kasuistischen Entfaltungen von Dekalogsgeboten innerhalb des deuteronomischen Gesetzeskorpus (13,2–6.7–12.13–19; 17,2–7; 19,11–13.16–19; 21,1–9.18–21; 22,13–21.22.23–27; 24,7) nicht, um den strukturierenden Gebrauch des Doppelausdrucks zu rechtfertigen. Wenn er über sie hinaus keine weitere Beziehung des deuteronomischen Kodex zum Dekalog signalisierte, würde der Terminus „Gesetze und Rechtsvorschriften" mehr Gesetze rahmen, die keine Verbindung mit dem Dekalog aufweisen, als solche, die ihn konkretisieren. Ein solches Mißverhältnis ist bei der Exaktheit deuteronomischen Systematisierens aber von vornherein unwahrscheinlich.

[7] So nun ausführlich und überzeugend dargestellt von *Lohfink*, *„ḥuqqîm ûmišpāṭîm,"* 17–29. Damit sind auch die Fragen beantwortet, die ich früher gegen diese Erklärung eingewendet habe – *Braulik*, „Abfolge," 253 Anm. 5 (= *Studien*, 232 Anm. 5).

II. Forschungsgeschichte

(1) Der jüngste Überblick von *H. D. Preuss*[1] über die Deuteronomiums-Forschung beweist, mit wie vielen Problemen alle bisher vorgelegten Versuche belastet sind, die Strukturprinzipien für Dtn 12–26 erarbeitet haben. Die meisten Gliederungen stimmen nur darin überein, daß sie nach 16,17 einen großen Struktureinschnitt annehmen und Kapitel 26 als einen liturgischen Anhang bezeichnen.[2] Offenbar ist man über die – ebenfalls unbefriedigende – Gliederung durch *J. Wellhausen*[3] bisher nur wenig hinausgekommen.[4] So ist nach *Preuss* „eine einleuchtende Erklärung der Gesamtabfolge der Texte und Textgruppen in Dtn 12–25 voll noch nicht gefunden“[5].

(2) Einen völlig neuen Ansatz hat *C. M. Carmichael*[6] gewagt: Das Gesetzesmaterial sei u. a. nach assoziativen Bezügen zu Erzählabfolgen in Genesis bis Numeri organisiert worden. Diese umfassende Studie hat *Preuss* schon gekannt. Nach seinem Urteil, dem ich zustimme, ist sie „traditions- wie redaktionsgeschichtlich (und oft auch literarkritisch) so abenteuerlich wie unkritisch und wird als Lösungsvorschlag sicherlich nicht weiterführend wirken“[7]. Inzwischen hat *Carmichael* seine These noch einmal zu bekräftigen versucht.[8]

---

[1] *Deuteronomium*, 108–112. Eine Synopse der wichtigsten Gliederungsversuche bietet *Seitz, Studien*, 92f.

[2] *Seitz, Studien*, 92f.

[3] *Composition*, 353–363. *Seitz, Studien*, erwähnt *Wellhausen* überhaupt nicht, *Preuss, Deuteronomium*, 108, zitiert nur die alte Disposition von *Composition*, 203ff, die *Wellhausen* später selbst als ungenügend empfunden und in Nachträgen am Ende der 3. Auflage durch eine „ausführliche Inhaltsangabe des eigentlichen deuteronomischen Gesetzes“ ergänzt hat.

[4] *Preuss, Deuteronomium*, 108. Ein kurzer Artikel, den *Preuss* nicht erwähnt, verdient jedoch, besonders hervorgehoben zu werden. *H. M. Wiener*, „Arrangement,“ hat die gegenwärtige Gesetzesanordnung durch zwei Prinzipien bestimmt gesehen: durch das religiöse Interesse des Verfassers und durch Assoziationen, die sich für ihn nicht aus einer rechtswissenschaftlichen Theorie, sondern durch Zeitumstände und aktuelle Bedürfnisse damals als notwendig beziehungsweise natürlich ergeben haben.

[5] *Deuteronomium*, 112.

[6] *Laws*.

[7] *Deuteronomium*, 109f.

[8] *Law and Narrative*.

(3) *Preuss* hält es durchaus für möglich, daß die Gesetze in ihrer Abfolge am Dekalog ausgerichtet wurden, wobei es dem Dtn vielleicht um gar nicht mehr als bloß um eine Grobgliederung gegangen sein könnte: „Denn daß Dtn 12–25 zumindest in manchen ihrer Teile und wenigstens grob... sich an der Gebotsabfolge des Dekalogs orientieren, scheint ein wesentliches Ergebnis neuerer Forschung zu sein, das der weiteren Überprüfung und Bewährung harrt."[9]
Das zitierte Fazit könnte den Eindruck erwecken, es stütze sich auf eine Reihe von Untersuchungen zu dieser Thematik. Es gibt dazu jedoch – von ganz wenigen und untereinander divergierenden Publikationen abgesehen – nur thesenhafte Behauptungen ohne ausreichende Argumentationen.[10]

(4) Erstmals umfassend ist die Funktion des Dekalogs als Aufbauprinzip im Dtn 1895 von *Fr. W. Schultz* dargestellt worden. In seinem Deuteronomiums-Kommentar schreibt er:

> „Womit kann nun aber die specielle Predigt geeigneter anheben, als mit jenem grossartigen, durch Gottes Mund selber öffentlich vom Sinai herabverkündigten Decaloggesetze? Ist dasselbe doch die Summe alles übrigen Gesetzes, was es je im Alten Bunde geben konnte; stellt es doch wenigstens alle Hauptgrundsätze, alle religiös-sittlichen Fundamentalwahrheiten fest, die irgendwie, wo es göttliche Ordnung giebt, immer wieder zu Grunde liegen müssen. Dass es der Verfasser selber als solches erkennt, legt er aufs Bestimmteste dadurch an den Tag, dass er nicht blos die Voranstellung seinerseits beibehält, sondern alsbald auch alles folgende als blosse weitere Ausstrahlung ganz nach der Ordnung seiner zehn Gebote und mit sichtlicher Beziehung auf sie durchgeht."[11]

Das Vorwort verdeutlicht:

> „Im Deuteronomium... wird das Gesetz... gewissermaßen selber Commentar", weil Mose darin „nämlich jeden Thoraabschnitt durch die Reihenfolge, in welcher er ihn behandelt, zu irgend einem der Decaloggebote in nähere Bezie-

[9] *Deuteronomium,* 111f.
[10] So ist zum Beispiel *Breit, Predigt,* 31–34, im Anschluß an Calvin und vor allem Luther davon überzeugt, daß der Dekalog der Verkündigung des Dtn zugrunde liegt (33). *Noth, Überlieferungsgeschichtliche Studien,* 101, hat es bei der gewiß wichtigen Feststellung belassen, dem Deuteronomisten erscheine „das spezielle Verhältnis zwischen Gott und Volk", der Bund nämlich, „begründet durch die Mitteilung des Dekalogs, zu dem das deuteronomische Gesetz nach 5,28ff die authentische göttliche Auslegung bildet". Nach *Phillips, Criminal Law,* 182, „the Deuteronomic law... in main constitutes an expansion of the criminal law of the Decalogue".
[11] *Deuteronomium,* 13.

hung gesetzt hat. Er hat dadurch ebensowohl wie den Decalog zum Schlüssel für das übrige Gesetz, das übrige Gesetz auch zur erklärenden Ausführung für den Decalog gemacht."[12]

Diese Kommentierung beginnt für *Schultz* jedoch nicht erst im deuteronomischen Kodex, sondern bereits nach dem Dekalogstext in den Kapiteln 6–11.[13] Wegen der zu gekünstelten[14] Textbezüge, aber auch wegen seiner Verteidigung der mosaischen Verfasserschaft des Dtn hat *Schultz* nur wenig Aufmerksamkeit und praktisch keine Zustimmung gefunden.[15] Er wurde erst 1979 wieder von *St. A. Kaufman* kritisch in Erinnerung gerufen. Ich komme darauf noch zurück.

(5) In einem kurzen, sogar von *Kaufman* übersehenen Artikel hat *A. E. Guilding* nicht nur für Dtn 13–25 (sic!), sondern auch für das Bundesbuch (Ex 20,22–23,17) und die Sammlung Lev 10–23 behauptet, sie wären „an orderly exposition of the decalogue, which is the basis of the whole legal system"[16]. Originell ist dabei, daß *Guilding* die Dekalogsgebote vom 5., dem Elterngebot, an jeweils paarweise zusammenfaßt und einer Gesetzesgruppe in den entsprechenden Ex- beziehungsweise Dtn-Kapiteln zuordnet.[17]
Ungedruckt und praktisch unzugänglich blieb ein Dissertationsexkurs von *H. Schulz*[18], in dem er seine Auffassung vom Einfluß des Dekalogs auf die deuteronomische Gesetzesabfolge begründet. Nach *Schulz* „baut das gesamte deuteronomische Gesetzesmaterial von Kapitel 12–25 auf

---

[12] *Deuteronomium,* III.

[13] *Schultz, Deuteronomium,* 13–24, entwickelt folgende Anordnung: Gebote I–II (Fremdgötter- und Bilderverbot) = Dtn 6–11; III = 12–14; IV = 15–16,17; V = 16,18–18,22; VI = 19–21,9; VII = 21,10–23; VIII = 22; IX–X = 23–25. Innerhalb dieser Entsprechungen meint *Schultz* außerdem noch zu erkennen, daß ab Kapitel 12 Mose „in einer merkwürdigen Regelmäßigkeit" so verfährt, „daß er immer gerade drei Stücke als zu einem Gebote gehörig heranzieht, und daß er, so er eins von den dreien weiter auszuführen hat, dann drei Unterabteilungen macht" (16).

[14] Vgl. das Urteil von *Steuernagel, Entstehung,* 10.

[15] Sein Deuteronomiums-Kommentar wird auch von *Preuss, Deuteronomium,* nicht verzeichnet.

[16] „Notes," 43.

[17] Für das deuteronomische Gesetz ergibt sich folgende Einteilung (47–49 und 52):
Honour to parents, no murder: 16,18–22,8 (sic)
no adultery, no stealing: 22,13 (sic)–24,7 (sic)
no false witness, no coveting: 24,10 (sic)–25,16

[18] *Todesrecht,* 151–157. Ein kurzer Hinweis findet sich in der gleichbetitelten Publikation in BZAW 114, 65; ferner bei *Kaiser, Einleitung,* 127f.

dem dekalogischen Anordnungsschema auf. Trotz verschiedenartiger Anreicherungen... bleibt die grundlegende Dreiteilung in die Bereiche Jahwes und des Kultes, der Eltern und Familie, des Sozialen und Sittlichen noch nachweisbar, ob auch im letzteren nicht mehr so streng geschieden wird"[19].

(6) Dieser Ansatz wurde 1979 von *Kaufman* in dem bisher umfangreichsten Beitrag zu unserem Thema weiterentwickelt.[20] Während aber *Schulz* das „decalogue-pattern" nur in seinem großen Umriß als prägend annimmt und mit späteren Eingriffen sowie Ergänzungen rechnet, vertritt *Kaufman* die These: Das deuteronomische Gesetz stammt von einem einzigen Redaktor. Er hat seine Gesetzessammlung bis ins Detail nach dem Modell des vollständigen Dekalogs strukturiert.[21] *Kaufman* kennt keine literarkritischen und redaktionsgeschichtlichen Differenzierungen innerhalb des deuteronomischen Kodex. Abgrenzung und Interpretation der einzelnen Gesetze sowie ihr Zusammenhang mit den Dekalogsgeboten werden nicht aus dem Text begründet.[22] Textunterschiede werden wohl etwas zu schnell nivelliert und bleiben unausgewertet. Trotz methodischer und exegetischer Mängel bildet aber der vorgelegte Erklärungsversuch der Gesetzesabfolge im deuteronomischen Kodex, das heißt hier in Dtn 12–25,16, und ihres Bezugs zum Dekalog als Aufbaumuster eine Herausforderung für die Deuteronomiumsforschung. Eine Auseinandersetzung erscheint auch deshalb als vordringlich, weil in anderen altorientalischen Rechtskorpora sowie im atl. Bundesbuch bereits eine Systematik der Gesetzesanordnung nachgewiesen werden konnte.

---

[19] *Todesrecht* (BZAW), 66f. Darüber hinaus wird das deuteronomische Gesetz vom Dekalog, dessen Programm es paradigmatisch darstellen will, und der dekalogisch komponierten Fluchreihe 27,15–26 gerahmt (67f). Letztere wurde programmatisch zu liturgischem Zweck als Abschluß der ganzen Rechtsbelehrung des Dtn komponiert und bewußt auf 5,6ff zurückbezogen (70).

[20] „Structure," bes. 112 und Anm. 43.

[21] *Kaufman*, „Structure," 112. Zu den Korrespondenzen zwischen der Abfolge einzelner Gesetzespartien und den Dekalogsgeboten s. die Übersicht a.a.O. 113f. Von diesen Fixpunkten aus untersucht *Kaufman* die Zwischen- und Randzonen und teilt im Endeffekt das ganze Gesetzesmaterial ohne Restbestand in einer den Dekalogsgeboten entsprechenden Reihenfolge auf.

[22] Ähnlich kritisch *Hossfeld, Dekalog*, 280: *Kaufman* „verzichtet auf literarkritische Differenzierung innerhalb wie außerhalb des Dekalogs. Seine Zuordnung von Dekalogsgeboten und größeren Passagen des deuteronomischen Gesetzes importiert die Bezüge von außen und erspart sich, die Abgrenzung der Einzelteile und ihre Berührungspunkte aus dem Text selbst zu entwickeln".

(7) Nach den Untersuchungen vor allem von *H. Petschow* zur Gesetzessystematik des Kodex Hammurapi und der Gesetze von Eschnunna[23] kennen wir die wichtigsten Techniken altorientalischer Rechtskodifikation. Diese Ordnungsprinzipien stimmen zwar nicht mit den Gesichtspunkten römischer oder moderner europäischer Gesetzesdisposition überein. Sie konnten aber bereits im Bundesbuch und in Teilen des deuteronomischen Gesetzes verifiziert werden.[24] *Kaufman* weiß sich ihnen verpflichtet,[25] und sie stehen auch im Hintergrund meiner eigenen Analyse. Charakteristisch ist nach *Petschow* erstens die Gliederung des Rechtsstoffes nach Sachgebieten, die sich etwa an Lebensbereichen, Objekten oder Sachverhalten orientieren; zweitens, daß innerhalb der Hauptthemen die Gesetze nach fünf Abfolgeprinzipien gruppiert werden:[26]

1. „chronologisch", d. h. „nach der tatsächlichen oder möglichen Abfolge der Ereignisse";
2. „nach der sachlichen Bedeutung der geregelten Materie oder nach der sozialen Stellung der betroffenen Personen oder der Wertigkeit der Gegenstände";
3. „nach der Häufigkeit der Fälle";
4. „als Gegenüberstellung von Fall und Gegenfall";
5. „in möglichst einheitlicher Reihenfolge bei sachlich und rechtlich gleichartigen Tatbeständen".

Besondere Bedeutung kommt zusätzlich dem Phänomen der Attraktion zu, einer durch Stichworte oder Gedankenassoziationen ausgelösten Einfügung von Gesetzesmaterial. Hinter ihr konnte das „erkennbare Bestreben" stehen, „ein jeweils angeschlagenes Thema möglichst an einer Stelle ‚vollständig' – soweit das im Rahmen des Gesamtwerks gewollt ist – und

---

[23] „Codex Hammurabi"; *ders.*, „Eschnunna". Daran schließen *Otto*, „Rechtssystematik," und *ders.*, *Rechtsgeschichte*, an. *Otto* betont – über die von *Petschow* erhobenen Redaktionskategorien hinaus – auch die Notwendigkeit einer rechtshistorischen Interpretation der Redaktionsarbeit und ihrer inhaltlichen Vermittlung mit den redigierten Rechtssätzen (*Rechtsgeschichte*, 12). Für Dtn 19–25 hat er das in seinem Beitrag „Verantwortung" versucht.

[24] Zum Bundesbuch: *Wagner*, „Rest" (fehlt bei *Preuss, Deuteronomium*, und wird auch von *Kaufman*, „Structure," nicht erwähnt); *Otto*, „Rechtssystematik"; *ders.*, *Rechtsgeschichte;* zum Dtn: *Lohfink*, „Sicherung," bes. 147f.

[25] „Structure," 115–118, bes. 117f. *Kaufmann* erwähnt allerdings nur den Aufsatz zur Systematik des Kodex Hammurapi. Er rechnet außerdem mit einer durchgängigen Geltung der Kompositionsprinzipien, also ohne Einschränkung auf die kasuistischen Gesetze.

[26] „Codex Hammurabi," 170f.

zusammenhängend abzuhandeln... Danach dürfte die ‚Attraktion' mindestens nicht überall als ein ungeschickter, mehr oder weniger zufälliger Anlaß für die Einfügung ‚sachfremder' Normen in einen thematischen Zusammenhang zu werten sein, sondern sie ist anscheinend auch durch ein (‚listenmäßiges') Ordnungsdenken bestimmt, das vielleicht sogar fordert, daß ein einmal angeschlagenes Thema nach Möglichkeit in nahem ‚lokalem' Zusammenhang zu erledigen ist"[27]. Redaktionsgeschichtlich gesehen ermöglicht es diese Technik, Texte auch später an passender Stelle einzuschieben.

Diese Ordnungsgrundsätze trennen jedoch teilweise juristisch zusammengehörende Gesetze und weisen sie verschiedenen Sachgruppen zu. Dadurch entsteht dann für uns der Eindruck eines unsystematischen Rechtsbuches.

Über *Petschow* hinaus hat *B. L. Eichler* bei der Anordnung der Rechtsfälle einer bestimmten Rechtssatzgruppe vor allem im Kodex Eschnunna zwei weitere Ordnungsgesichtspunkte festgestellt: „the principle of polar cases with maximal variation" und „the principle of the creation of legal statement by iuxtaposing individual legal cases with one another"[28].

(8) Im israelitischen Recht dürfte schließlich jenseits der Einzelparagraphen und ihrer Reihung noch mehr als sonst im Alten Orient ein Gefühl für stilistische Gesamtgestaltung ganzer Gesetzesgruppen bestanden haben. Das wird im folgenden mehrmals deutlich werden. Vielleicht hängt die stärkere rhetorische Formung damit zusammen, daß diese Texte als „Bundesrecht" angesehen worden sind und in öffentlichen, ja kultischen Versammlungen zur Verlesung kommen sollten. Dtn 6,6–7 rechnet sogar damit, daß alle Israeliten das Gesetz auswendig können und „diese Worte", die sie „auf dem Herzen" wie auf einer Tafel „geschrieben" tragen, immer und überall rezitieren. Unter dieser Voraussetzung können gerade die vielen Stichwortverkettungen und assoziativen Verbindungen zwischen den einzelnen Gesetzen und den Gebotsbereichen wahrgenommen werden und zugleich mnemotechnische Hilfen bieten.

(9) Der jüngste Beitrag zu der Thematik stammt von *A. Rofé*[29]. Er wendet bei seiner Untersuchung der Gesetzessystematisierung des deuteronomischen Kodex vor allem die Prinzipien an, die *U. Cassuto* früher in anderen alttestamentlichen Büchern entdeckt hat, nämlich: „the associative, the

---

[27] „Eschnunna," 143. Vgl. *ders.*, „Codex Hammurabi", 171.
[28] „Structure," 72. Kritisch weiterführend *Otto*, „Rechtsgeschichte," 13f.
[29] „Arrangement".

topical, the chronological, the ending with consolation, the arrangement by length of the literary units, and the concentric"[30]. Wie *Cassuto* will *Rofé* aber auch für andere Dispositionsmethoden und assoziative Anordnungen offen bleiben. Dabei wäre es natürlich wichtig gewesen, speziell den Bauprinzipien alttestamentlicher „Gesetzessammlungen" und der Anordnung altorientalischer Gesetzeskodizes Rechnung zu tragen. Es erscheint daher unverständlich, warum *Rofé* die ihm bereits vorliegenden Artikel von *Petschow*[31], *Lohfink*[32] und *G. Braulik*[33] nicht berücksichtigt hat. Eine Auseinandersetzung mit *Carmichael, Kaufman* und *V. Wagner* hält *Rofé* nicht für zielführend, weil sich ihre Interpretationen und seine eigene Deutung gegenseitig ausschlössen.[34] Doch hätten ihre Beobachtungen zumindest verdient, ernstgenommen zu werden. Die verschiedenen assoziativen Verknüpfungen faßt *Rofé* in sechs Typen zusammen: gleichlautender Anfang der Gesetze, Wortwiederholung, Paronomasie, Wiederholung einer ganzen Phrase, thematische Assoziation, Assoziation aufgrund einer abstrakten Idee.[35] Abgesehen von der Frage, ob die angeführten Belege tatsächlich relevant sind, hätte eine genauere Textanalyse das Spektrum der Techniken noch entscheidend erweitert. Am Ende zieht *Rofé* aus seiner Untersuchung der Gesetzesanordnung auch einige methodische Folgerungen für die Abfassungsgeschichte des Gesetzeskorpus.[36]
Die Forschungsgeschichte drängt also dazu, ihre bisherigen Ergebnisse kritisch aufzunehmen, den Aufbau des deuteronomischen Kodex genauer zu analysieren und die These einer dekalogsgeprägten Redaktion des Dtn weiterzuführen.

---

[30] *Rofé*, „Arrangement," 269.

[31] „Codex Hammurabi". Der Artikel wird von *Rofé*, „Arrangement," 285 Anm. 51, sogar erwähnt.

[32] „Sicherung".

[33] „Dekalog".

[34] „Arrangement," 269 Anm. 21.

[35] „Arrangement," 282f.

[36] So beweise etwa eine traditionelle Reihung noch nicht die ursprüngliche Einheit einer Komposition. Obwohl man diesem Grundsatz gerne zustimmt, kann zum Beispiel *Rofés* Plädoyer für die ursprüngliche Stellung von 16,21–17,7 zwischen 13,1 und 13,2 („Arrangement," 270f und 286) – wie sich noch zeigen wird – nicht überzeugen.

III. Zu dieser Studie

(1) Im folgenden setze ich die Abgrenzung der einzelnen Gesetze voraus, die *Lohfink* in der „Einheitsübersetzung" vorgenommen hat. Sie ist zwar für die praktischen Bedürfnisse einer Bibelausgabe angefertigt worden. Doch wurden dabei offensichtlich auch die folgenden Kriterien zu Rate gezogen: neues Thema; Neuansatz eines kasuistischen Gesetzes (durch „wenn" – *kî* im Hauptfall und *'im* für den Unterfall); Formwechsel (zum Beispiel zwischen kasuistisch, scheinkasuistisch, apodiktisch); Abschlußformeln (etwa die *biᶜartā*-Formel, also die „Ausrottungsformel"); Rahmung. Diese Abgrenzung unterscheidet sich teilweise von den Grenzen, die *Kaufman* gezogen und seinem Artikel zugrunde gelegt hat. Sie dient als praktische Arbeits- und Verständnisgrundlage, die in Einzelpunkten durchaus diskutiert werden kann, sich aber im Lauf meiner Untersuchung bewährt hat.
Die Frage dieser Studie nach dem Verhältnis von Dekalog und Gesetzeskodex wird, wie die einleitenden Beobachtungen gezeigt haben, nicht von außen an den Text herangetragen, sondern vom Dtn selbst durch den spezifischen Gebrauch des Doppelausdrucks *ḥuqqîm ûmišpāṭîm* provoziert. Ich setze die Systematisierungsprinzipien altorientalischen Rechts, wie sie von *Petschow, Otto* und anderen vor allem in den Kodizes Eschnunna und Hammurapi nachgewiesen worden sind, voraus. Ich knüpfe ferner kritisch an die Hauptthese von *Kaufman* über die Dekalogsgebote als Strukturmuster der deuteronomischen Gesetzessammlung an. Ziel ist es jedoch, nochmals von Grund auf die Disposition des deuteronomischen Gesetzeskorpus und den Einfluß des Dekalogs auf die Anordnung seiner Einzelgesetze beziehungsweise Teilsammlungen zu erarbeiten.
Es geht dabei um die vorhandene Systematisierung auf der Ebene der Endredaktion. Damit werden weder eine ursprünglich selbständige Existenz einzelner Gesetze noch vorausgehende Redigierungen mit unterschiedlicher Zielsetzung ausgeschlossen. Außerdem bestand immer die Möglichkeit, innerhalb eines nach altorientalischen Systematisierungsprinzipien oder auch nach der Dekalogsstruktur aufgebauten Gesetzeskorpus zusätzliches Material über den Weg von Digressionen einzubringen. Eine Reihe von Unstimmigkeiten im deuteronomischen Gesetz lassen sich wahrscheinlich nur auf der diachronen Ebene erklären, während sie auf der synchronen Ebene bestehen bleiben und die Logik des Aufbaues stören. Sie müssen somit als entstehungsbedingte Spannungen toleriert

werden. Trotzdem läßt sich in der Struktur des vorliegenden Textes der Kapitel 12–25 der Dekalog als eine Art Groß- beziehungsweise Grobraster für Komposition und Disposition des Gesetzeskodex erkennen.

(2) Die Ergebnisse seien vorwegnehmend zusammengefaßt. Zwischen den Kapiteln 12–18 und dem Dekalog bestehen nur unterschiedlich klare und eher globale Korrespondenzen:
1. Gebot „Jahwe an der einen, von ihm erwählten Opferstätte und als den einzigen Gott Israels verehren": 12,2–13,19.
2. Gebot („Namensmißbrauch") „Israel, das heilige Volk Jahwes, in Ritualdifferenz zu den Völkern anderer Götter": 14,1–21.
3. Gebot („Sabbatheiligung") „Kult und ‚Bruderschaft' in heiligem Rhythmus": 14,22–16,17.
4. Gebot („Elternehrung") „Ämter in Israel": 16,18–18,22. 16,18–17,1 erfüllen zugleich eine Überleitungsfunktion.
Erst von Dtn 19 an gibt es genauere Entsprechungen zum 5. bis 10. Dekalogsgebot. Im Unterschied zu den Kapiteln 12–18 sind jedoch in den Kapiteln 19–25 die Gebotsbereiche nicht mehr einfach aneinander gereiht, sondern thematisch teilweise ineinander verschachtelt und auf redaktionell unterschiedliche Weise miteinander verklammert.
5. Gebot „Leben bewahren": 19,1–21,23 handelt mit Digressionen über intentionale Tötung. In 22,1–12 werden Gesetzesgruppen zum Thema „Leben bewahren" (22,1–4.6–8) beziehungsweise zum Thema „Sextum" (22,5.9–12) zu einem eigenen redaktionellen Überleitungstext ineinander verschränkt.
6. Gebot „Die Würde von Frau und Mann schützen": 22,13–23,15. 22,13–29 orientieren sich vor allem an der Frau, 23,1–15 sind auf den Mann bezogen.
7. Gebot „Menschliche Bedürfnisse und Beziehungen über das Eigentumsrecht stellen": 23,16–24,7. Dabei wird auch „Sexuelles", speziell in 23,18–19 und 24,1–5, unter dem Aspekt „Eigentum" behandelt.
8. Gebot „Den Armen, sozial Schwachen und Schuldiggewordenen ihr Recht nicht verweigern": 24,8–25,4. 24,19–22 und 25,4 sind durch Attraktion eingebunden und greifen nochmals das Thema „Eigentum" auf.
9. Gebot „Nachkommenschaft nicht verhindern": 25,5–12.
10. Gebot „Kein falsches Gewicht und Maß verwenden": 25,13–16. Mit 25,17 beginnt die Rahmung des Gesetzeskorpus, die auf Themen aus Dtn 12 zurückgreift, wobei die zwei Rituale in 26,1–15 bewußt als Abschluß des Gesetzeskorpus gedacht sind.

IV. Dtn 12,2–16,17 – Erstes bis drittes Gebot

1. *Dtn 12,1 – Geographischer Geltungsbereich und Geltungsdauer der deuteronomischen Gesetze*

Die entscheidenden juristischen Aussagen finden sich in der Überschrift des Kodex in 12,1: Die *ḥuqqîm ûmišpāṭîm* (12,2–26,15) gelten nur in dem von Jahwe gegebenen Land und solange Israel in diesem Land lebt.[1] Mit dieser geographischen und zeitlichen Festlegung werden wahrscheinlich zugleich die beiden Ordnungsprinzipien des folgenden Gesetzesteiles 12,2–16,17 angedeutet. Innerhalb dieses Privilegrechtes Jahwes gehen nämlich die Bestimmungen über die Jahwe-allein-Verehrung in 12,2–14,21 vom Ort der einzigen Opferstätte aus. Es dominiert also die lokale Dimension. Die Kult- und Sozialverpflichtungen in 14,22–15,23 aber betreffen periodisch wiederkehrende Zeiten und gipfeln in 16,1–17 in den drei jährlichen „Wallfahrtsfesten" am Zentralheiligtum. Es dominiert also die temporale Dimension.

2. *Dtn 12,2–13,19 – Erstes Gebot: Jahwe an der einzigen, von ihm erwählten Opferstätte und als den einzigen Gott Israels verehren*

(1) 12,2–31 bildet vom Aufbau her die erste klare Einheit. Israel steht unmittelbar vor dem Einzug in sein Land. Es wird sein Zentrum in einem einzigen Heiligtum haben und nur mehr dort seine Opfer darbringen. Dieses Thema wird in sechs Paragraphen mit juristischer Logik entwickelt. Das erste und das letzte Gesetz sprechen negativ von der Beseitigung des Kults anderer Götter: nach den V. 2–3 müssen ihre Kultstätten vernichtet werden, die V. 29–31 verbieten ihre Kultbräuche. Die vier Gesetze innerhalb dieses Rahmens reden positiv vom Opferkult Israels an der einzigen legitimen Opferstätte. Fixiert werden in den V. 4–7 der Raum – gegenüber den kanaanäischen Kulten wird es nur *eine* Stätte für alle Stämme geben – und in V. 8–12 die Zeit – der angedeutete Horizont der Geschichte verweist auf die Geltung dieses Gesetzes ab Salomo.[2] Damit ein einziger Opferort überhaupt möglich ist, unterscheiden die V. 13–19

[1] *Lohfink*, „*ḥuqqîm ûmišpāṭîm*," 22–29; *ders.*, „Dtn 12,1".
[2] *Braulik*, „Konzeption".

zwischen Opfer und „profaner Schlachtung“[3]. Die V. 20–28 grenzen die Möglichkeit zur Profanschlachtung ein – sie ist nur erlaubt, wenn der Wohnort von der einzigen Opferstätte weit entfernt ist – und regeln den Umgang mit Blut.

(2) Die einzelnen Gesetze sind sprachlich und motivlich miteinander verbunden. Die Rahmengesetze 12,2–3 und 12,29–31 werden vor allem durch die folgenden Wendungen aufeinander bezogen:

yrš ʾæt haggôyim 12,2 „die Völker, deren Besitz ihr übernehmt“ vgl. V. 29 „die Völker, in deren Land du hineinziehst, um ihren Besitz zu übernehmen … wenn du ihren Besitz übernommen hast“;

ʿbd haggôyim (ʾæt ʾ^{æ}lohêhæm) 12,2 „an denen die Völker (ihren Göttern) gedient haben“ vgl. V. 30 „wie dienen diese Völker ihren Göttern“;

śrp bāʾeš 12,3 „ihre Kultpfähle sollt ihr im Feuer verbrennen“ vgl. V. 31 „sie haben sogar ihre Söhne und Töchter im Feuer verbrannt“.

(3) Die Gesetze des Mittelteiles 12,4–28 sind alle vom „Wallfahrtsschema“ durchformt. In dieses verbale Ritualgerüst sind die sogenannte *māqôm*-Formel, Opferlisten und Listen von Teilnehmern an der Opfermahlzeit eingehängt. Ferner sind die vier Paragraphen der Opfergesetzgebung auch dadurch verknüpft, daß sie ihr je eigenes Thema in formal eher nebensächlichen Passagen entwickeln.

Das Wallfahrtsschema[4], das fest ins System der sogenannten Zentralisationsgesetze gehört, entwirft gewissermaßen das „neue Ritual“ des Deuteronomiums. Es orientiert sich – dem Anliegen des einzelnen Gesetzes entsprechend variiert – an der Abfolge der Vorgänge, die bei einer Wallfahrt stattfinden, ist also umfassender als der einfache Ablauf eines Opfers. Enthalten sind: Aktionen zu Hause vor dem Aufbruch und der Zug zum Zentralheiligtum – die nacheinander vorgenommenen Tätigkeiten an der Opferstätte, wobei in 12,4–28 alles immer in „essen“ *(ʾkl)* und/oder „fröhlich sein“ *(śmḥ)* mündet, – die Heimkehr, die zwar nicht explizit gemacht, aber indirekt vorausgesetzt wird, wo ein paränetischer Ausblick das Verhalten in der Folgezeit mit den Handlungen am Heiligtum verbindet.

Die *māqôm*-Formel tritt in der Kurzform *hammāqôm ʾ^{a}šær yibḥar*

---

[3] „Profan“ muß in diesem Ausdruck ganz wörtlich als „vor dem heiligen Bezirk“ verstanden werden. Denn auch die „Profanschlachtung“ ist nicht aus der Beziehung zu Jahwe entlassen. Sie bleibt, wie das Verbot des Blutgenusses und das Ausgießen des Blutes in 12,3–24 zeigen, an gewisse rituelle Vorschriften gebunden.

[4] S. dazu *Lohfink*, „Opfer“.

YHWH „die Stätte, die YHWH auswählen wird“ auf, kann aber durch die praktisch gleichbedeutenden Verbalphrasen *škn* pi. + *šem* (wörtlich) „den Namen wohnen lassen“[5] beziehungsweise *śwm* + *šem* „den Namen anbringen“ zu zwei Langformen erweitert werden. In 12,4–28 sind alle drei Möglichkeiten belegt. Sie sind nach dem poetisch-rhetorischen Prinzip der „Aufspaltung von vorgegebenen Doppelausdrücken (AB – A – B)“ und in einem regelmäßigen Wechsel von Lang- (= LF) und Kurzform (= KF) angeordnet:

LF / AB	12,5 kombinierte Langform *śwm* – *škn* pi.[6]
LF / A	12,11 Langform mit *škn* pi.
KF	12,18 Kurzform
LF / B	12,21 Langform mit *śwm*
KF	12,26 Kurzform

Den vier Gesetzen des Mittelteils gemeinsam ist schließlich das Stilprinzip, daß ihre Hauptaussage in einer formalen „Nebenbemerkung“ erscheint.[7]

12,4–7: Inhalt: „Eine einzige Kultstätte für Jahwe“. Das Gebot beginnt mit „nicht – sondern“ (*lo*’ V. 4 – *kî ’im* V. 5) und ist dadurch vom vorangehenden Paragraphen abgesetzt. Das Verbengerüst der positiven Anordnung entspricht dem Wallfahrtsschema (*drš* – *bw*’ q. – *bw*’ hi. – *’kl* – *śmḥ* „fragen / suchen / aufsuchen – kommen – bringen / darbieten – essen / Festmahl halten – fröhlich sein / sich freuen“) und ist durch dessen Zusatzelemente aufgelockert.

12,8–12: Inhalt: „Eine einzige Kultstätte für Jahwe“, besonderer Aspekt: „ab wann?“ Die Grundstruktur „nicht – sondern“ wiederholt sich sachlich. Doch ist der Inhalt dessen, wovon sich das Gesetz absetzt, nicht schon zuvor Ausgeführtes. Es wird vielmehr in 12,8 erst eingebracht. Dabei ergibt sich mit *kî* „denn“ (V. 9) eine Digression, die langsam zur

---

[5] Wie der etymologisch entsprechende, akkadische Ausdruck *šakkānu šuma* in der Amarna-Korrespondenz des Königs von Jerusalem mit dem Pharao beweist, heißt *šakken šem* ursprünglich „den Namen anbringen“. Diese Bedeutung hat sich im Deuteronomium erhalten und sollte durch die Einführung des äquivalenten „modernisierten“ Ausdrucks *śwm šem* gesichert werden – *Braulik, Deuteronomium,* 98f.

[6] Der Masoretentext liest *l^ešiknô* „zu seiner Wohnung“ und läßt vorher den angefangenen Satz abbrechen, so daß hier neu angesetzt wird (vgl. die Einheitsübersetzung). Samaritanus und Septuaginta erlauben es, einen älteren Textzustand zu erschließen, in dem *l^ešakk^enô* stand, „(...indem er dort seinen Namen anbringt,) um ihn (dort) wohnen zu lassen“. Diese ältere Textgestalt ist hier vorausgesetzt.

[7] *Lohfink, Privilegrecht,* 120–124.

„Sondern"-Aussage hinführt: Die Opferbestimmungen lassen sich erst dann verwirklichen, wenn Israel in seinem Erbbesitz in Sicherheit siedelt und zu *„der* Ruhe", dem Tempel von Jerusalem, ziehen kann. Die „Sondern"-Aussage beginnt in V. 11 *(w^e hāyâ),* wo wieder das Wallfahrtsschema (*bw'* hi. – *śmḥ* „bringen – fröhlich sein") einsetzt. Das sachlich Neue findet sich in der historisierenden Digression, das übrige ist mehr oder weniger Wiederholung des vorigen Paragraphen.

12,13–19: Inhalt: „Eine einzige Kultstätte für Jahwe", besonderer Aspekt: „deshalb ist Profanschlachtung erlaubt". Das schon eingeführte Schema „nicht – sondern" wird zweimal durchlaufen (*pæn* V. 13 – *kî 'im* V. 14; *lo'* V. 17 – *kî 'im* V. 18): V. 13–16 Brandopfer – V. 17–19 andere Opfer. In dieser Hauptstruktur geht es immer um die Zentralisation der Opfer an der erwählten Stätte. Hier wird nichts sachlich entscheidend Neues gesagt. Doch ist an das erste „Nicht-sondern"-Schema mit *raq* „jedoch" in V. 15 eine Art Ergänzung oder Einschränkung eingeführt, die eine Profanschlachtung in den Wohnorten erlaubt. Diese wird in V. 16 durch eine zweite *raq*-Aussage wieder anders eingeschränkt oder ergänzt: bei der Profanschlachtung darf kein Blut genossen werden. Dann setzt in V. 17 das zweite „Nicht-sondern"-Schema ein. Die Zentralisationsaussage wird in V. 13–19 bewußt auf zwei „Nicht-sondern"-Passagen aufgeteilt. Das zeigt sich einmal an den Opfern. Vorausgesetzt ist eine siebengliedrige Opferreihe, wie sie sich in 12,6 und etwas verkürzt in 12,11 findet. Sie erstreckt sich in V. 13–19 über beide „Nicht-sondern"-Schemata, wobei an die Stelle des Schlachtopfers das profane Schlachten getreten ist. Das muß eine bewußte Operation gewesen sein. Denn nur wenn das Schlachtopfer ausgelassen und exkursartig durch die Profanschlachtung ersetzt wurde, ist die Opferliste vollständig. Auch das Wallfahrtsschema zieht sich über beide Teile (I *ᶜlh ᶜolôt* – *ᶜśh* „Brandopfer verbrennen – handeln [nach allen Vorschriften]"; II *'kl* – *śmḥ* – *pæn ᶜzb* „essen – fröhlich sein – [die Leviten] nicht im Stich lassen"). Die Variante zu den vorangehenden Gesetzen und zugleich die Hauptaussage findet sich wieder nicht innerhalb des alles beherrschenden Schemas, sondern in dem Bereich, der wie eine Hinzufügung wirkt.

12,20–28: Inhalt: „Eine einzige Kultstätte für Jahwe", besonderer Aspekt: „Profanschlachtung nur bei weiter Entfernung; Näheres zum Umgang mit Blut". Es wird die kasuistische Form „wenn – dann" eingeführt, allerdings nicht in der strengen Gestalt. Denn hier wird in der dritten Person, nicht wie üblich in der zweiten, geredet. Ferner wird kein präziser Rechtsfall geschildert, sondern es geht eher um eine Zeitangabe, fast eine „historisierende Gesetzeseinleitung". Schließlich wird in einem echten kasuistischen Gesetz alles möglichst auf einmal gesagt. Hier aber gibt es beinahe so etwas wie einen poetischen Parallelismus zwischen zwei „kasuistischen" Gesetzen:

V. 20a Protasis – V. 20b Apodosis
V. 21a Protasis – V. 21b Apodosis

Die Apodosis wird in V. 22 mit einer durch *'ak* „auch" eingeleiteten Nebenbemerkung weitergeführt. An sie hängen sich wieder zweimal Ergänzungen mit *raq* „doch" an:

V. 23–25: Näheres zur Behandlung des Bluts bei der Profanschlachtung
V. 26–28: Näheres zur Behandlung des Bluts bei den Opfern im Zentralheiligtum

Der Paragraph schließt in V. 28 mit einer allgemeinen Paränese zur Gesetzesbeobachtung. Dieses paränetische Schema[8] bezieht sich wahrscheinlich auf alle Opferbestimmungen des Mittelteils (12,4–28). Jedenfalls darf es nicht von 12,20–28 abgetrennt werden.[9] Denn auch der erste *raq*-Abschnitt mündet in V. 25b in eine Paränese. Sie verwendet die Formeln, die V. 28b aufgreift und rhetorisch steigert. Auffallend ist, daß in diesem Gesetz sogar das Wallfahrtsschema in einen *raq*-Abschnitt hineingezogen wird, in die V. 26–27 (*nś' – bw' – 'śh 'olôt – špk [haddām]* „aufladen – kommen – Brandopfer darbringen – [Blut] ausgießen – essen"). Das eigentlich Neue ist die Blutthematik in den beiden *raq*-Abschnitten. Wie in 12,8–12 und 12,13–19 steht also die Hauptsache in dem, was formal als Anhang erscheint. Außerdem dürften die beiden eigentlich kasuistischen Aussagen durch die Umschreibung des Falls eine Einschränkung der im vorigen Paragraphen (12,13–19) gegebenen Erlaubnis der Profanschlachtung enthalten: sie gilt nicht mehr überall, sondern nur noch, wenn der Wohnort weit vom Zentralheiligtum entfernt ist, und das ist erst der Fall, wenn Jahwe das nationale Gebiet Israels erweitert hat.

---

[8] *Lohfink, Hauptgebot*, 94.

[9] Gegen *Seitz, Studien*, 105–108, der die formulierungsmäßig ähnlichen paränetischen Schemata 12,28 und 13,18–19 – zumindest vor der Einfügung von 13,1 – als Rahmen um die „Warnung vor dem kanaanäischen Kult, 12,29–31, und die verschiedenen Fälle der Versuchung zum Abfall beziehungsweise des vollzogenen Abfalls in Kap. 13" auffaßt (107). Gegen die rahmende Funktion von 12,28 – auch schon vor dem von *Seitz* angenommenen Einschub von 13,1 – spricht unter anderem, daß 12,29–31 sprachlich und motivlich an 12,2–3 (und V. 4–7) zurückgebunden ist und nicht nur für 13,2–19, sondern auch für 14,1–21a die Schlüsselwörter liefert (s. dazu unten).

(4) Die in 12,2–31 jeweils aufeinander folgenden Gesetze sind speziell miteinander verklammert:

12,2–3 und 12,4–7: Einerseits sollen die „Namen“ der Götter von jeder „Stätte“, an der die Völker ihnen gedient haben, getilgt werden (V. 3), andererseits soll Israel nach der einen „Stätte“ fragen, an der Jahwe seinen „Namen“ anbringen wird (V. 5).

12,4–7 und 12,8–12 beginnen parallel mit *lo' ta^{ca}śûn* „ihr sollt nicht tun“ (V. 4 und 7).

12,8–12 und 12,13–19 bringen beide die ausführliche Liste der Teilnehmer am Opfermahl, wobei das Thema Leviten jedes Mal noch verlängert wird (V. 12 und 18–19).

12,13–19 und 12,20–28: Die V. 15–16 werden in den V. 20–24 praktisch im ganzen Aussagen- und weithin auch im Wortbestand wiederholt und paraphrasierend erweitert, so daß ein teilweise präzisierender, teilweise umdeutender Kommentar entsteht.

12,20–28 und 12,29–31 fangen im Gegensatz zu allen vorausgegangenen Gesetzen „(schein)kasuistisch“ an. Geht es in 12,20 aber eher um eine Zeitangabe, so ist die Protasis in 12,29 voll eine historisierende Gesetzeseinleitung, die mit der Landnahme auf den Eintritt der Geltung des Gesetzes verweist.

(5) Außerdem gibt es Querverbindungen zwischen nicht benachbarten Paragraphen:

Nach dem Inkrafttreten der Kultzentralisation soll man in Israel nicht mehr tun, „was jeder einzelne für richtig hält“ (12,8), sondern „was Jahwe (dein Gott) für (gut und) richtig hält“ (12,25 und um die Klammerausdrücke erweitert[10] im gleichen Gesetz 12,28).

12,13–19 ist durch die Wendung *hiššāmær l^{e}kā pæn* „hüte dich davor, daß“ gerahmt. Mit ihr beginnt in 12,30 auch die Apodosis von 12,29–31.

(6) Vermutlich wurden 12,2–3 und 12,4–7 als Einheit gesehen, denn 12,29–31 greift nicht nur auf 12,2–3 zurück, wodurch sich der oben bereits beschriebene Rahmen ergibt. Es bestehen auch Entsprechungen zu 12,4–7:

lo' ta^{ca}śûn / ta^{ca}śæh ken lYHWH '^{æ}lohêkæm / '^{æ}lohǣkā 12,4 „Ihr sollt nicht das gleiche tun für YHWH, euren Gott“ vgl. 12,31 „Du sollst nicht das gleiche tun für YHWH, deinen Gott“.

[10] In ähnlicher Weise wird auch die jeweils unmittelbar vorausgehende Phrase von „damit es dir und später deinen Söhnen gut geht“ (12,25) zu „damit es dir und später deinen Söhnen *immer* gut geht“ gesteigert.

drš 12,5 „Ihr sollt nach der Stätte fragen“ vgl. 12,30 „frag nicht nach ihren Göttern“.
Versteht man 12,2–7 als einzigen Paragraphen, dann ergeben die Stichwortverbindungen zwischen nicht aufeinander folgenden Gesetzen eine Art konzentrischen Aufbau der Einheit 12,2–31:

A 12,2–3.4–7
B 12,8–12
C 12,13–19
B' 12,20–28
A' 12,29–31

Diese Struktur wird dadurch verstärkt, daß die Wendung „tun, was jeder für richtig hält“ das Gesetz „B“ eröffnet (12,8) und (in erweiterter Form) die beiden Teile von „B'“ beschließt. Ferner, daß das mittlere Gesetz 12,13–19 auch selbst in einer lockeren Form palindromisch angelegt ist.[11]
Diese Anordnung steht zu der angenommenen sechsteiligen Gliederung in Spannung. Denn 12,2–3 ist gerahmt – *'abbed t^{e}'abb^{e}dûn 'æt kål ham-m^{e}qomôt* „Ihr sollt alle Kultstätten zerstören“ (V. 2) und *w^{e}'ibbadtæm 'æt š^{e}mām min hammāqôm hahû'* „Ihren Namen sollt ihr an jeder solchen Stätte tilgen“ (V. 3) – und erscheint dadurch trotz mancher Verbindung mit 12,4–7 als eigener Paragraph. Für seine Eigenständigkeit und damit für eine Abgrenzung von sechs Gesetzen sprechen auch manche der Formbeobachtungen zum Mittelteil 12,4–28.

(7) Im ganzen bewirken die Umrahmung, die innere Parallelgestaltung im Mittelteil, die jeweilige Verkettung benachbarter Paragraphen und die Stichwortverbindungen zwischen entfernteren Paragraphen eine höchst intensive Vernetzung der Gesetzesgruppe. Die Verbindungen nach weiter vorn oder weiter nach hinten fehlen nicht, sind aber anderer Art. So ist 12,2–31 zumindest auf der Ebene der Endredaktion als Einheit aufzufassen. Es gibt keine miteinander konkurrierenden Paragraphen. Sie sind vielmehr so zu verstehen, daß die Wiederholungen die gleiche Grundbotschaft einhämmern, die variierenden Passagen aber die juristische Aussage jeweils ein Stück weitertreiben.
Die Gesetze sind nach der zeitlichen und logischen Abfolge ihrer Aussagen geordnet; zugleich schreiten sie vom Allgemeinen zum Speziellen fort. Zunächst müssen alle fremden Kultstätten vernichtet werden

[11] S. dazu *Seitz, Studien,* 211.

(12,2–3), denn[12] Israel soll seine Opfer nur zu der einen, von Jahwe erwählten Kultstätte[13] bringen (12,4–7). Das wird geschehen, sobald es in seinem Land in Frieden wohnen wird und zu „*der* Ruhe“, dem Jerusalemer Tempel, ziehen kann (12,8–12). Dominierte bisher der chronologische Gesichtspunkt, so ist es im folgenden der sachliche. Als Konsequenz der Kultzentralisation muß zwischen Opfer und profaner Schlachtung unterschieden werden (12,13–19). Diese Unterscheidung (12,15–16) bedarf einer Legalinterpretation: Die Profanschlachtung wird erst in einer bestimmten geschichtlichen Situation notwendig. Für diesen Fall wird genauer festgelegt, was mit dem Blut bei profaner Schlachtung und was bei Opfern am Zentralheiligtum zu geschehen hat (12,20–28).[14] Fremde Riten sind Israel verboten (12,29–31).
Ein weiteres Systematisierungsprinzip besteht in der Gegenüberstellung der Rahmengesetze und der Gesetze des Mittelteils: Wenden sich die äußeren Gesetze gegen kanaanäische Kultstätten (12,2–3) und Kultbräuche (12,29–31), so betreffen die Gesetze innerhalb des Rahmens die eine Kultstätte Israels und ihren Opferkult (12,4–28).

(8) Die Gesetze des Mittelteils sind thematisch an den einen Ort gebunden, bestimmend ist also der lokale Aspekt. Ehe der ihm entsprechende temporale Aspekt in 14,22 aufgegriffen wird, bietet sich ein anderes Motiv, das das Kapitel 12 beherrscht, zur Weiterführung an: das Motiv der Einzigkeit. Die Kanaanäer haben viele Götter, die an vielen Kultstätten

---

[12] Das Deuteronomium sieht aus seiner Perspektive vor der Landnahme die Errichtung verschiedener Heiligtümer im Land nicht vor. Die deuteronomistischen Geschichtsschreiber, die hinter der literarischen Fiktion der Moserede stehen, rechnen erst unter Salomo mit der Errichtung des von Jahwe erwählten Heiligtums (*Braulik*, „Konzeption“). Die Abfolgelogik der Paragraphen läßt sich auch noch anders verstehen. Hinter der Verpflichtung, alle Kultstätten der Völker zu zerstören (12,2–3), könnte verdeckt auch die joschijanische Vernichtung aller Heiligtümer im Land stehen (zuletzt *Lohfink*, „Opfer“). Dann bildet die Zerstörung aller (dem authentischen Jahweglauben) „fremden“ Kultstätten, von der nur das (von anderen Kulten gereinigte) Heiligtum von Jerusalem ausgenommen wird, die Voraussetzung dafür, daß Israel seinen Gott an einer einzigen Opferstätte verehrt.

[13] Dieser Aspekt wird rhetorisch durch die Kombination der beiden Langformen der *māqôm*-Formel und durch gehäuftes „dort“ beziehungsweise „dorthin“ unterstrichen. Das Adverb wird sogar in chiastischer Abfolge wiederholt: *šām* (V. 5a) – *šāmmâ* (V. 5b) – *šāmmâ* (V. 6) – *šām* (V. 7).

[14] Im einzelnen: 12,20–21 beschränkt 12,15a auf weit von Jerusalem entfernte Orte, 12,22 greift 12,15b, die Irrelevanz kultischer Reinheit, auf. 12,16 wird in 12,23–25 bezüglich der Profanschlachtung, in 12,27–28 bezüglich des Brand- und Schlachtopfers präzisiert.

verehrt werden. Israel wird nur eine einzige Opferstätte haben, und dort wird es einen einzigen, seinen Gott Jahwe, verehren. So folgen in Kapitel 13 nun sinnvollerweise jene Gesetze, die eine ausschließliche Jahweverehrung sichern.

12,29–31 fungiert als strukturelle Schaltstelle. Obwohl 13,2–9 und 14,1–21 sprachlich und motivlich an dieses Gesetz angebunden sind, muß es der redaktionellen Einheit von Kapitel 12 zugerechnet werden. Das ergibt sich nicht zuletzt auch durch die Kanonformel, die in 13,1 zwischen die Kapitel geschoben ist.[15] Sie ist durch den Promulgationssatz *(ʾæt kål haddābār) ʾašær ʾānokî meṣawwæh ʾætkæm* „(den vollständigen Wortlaut,) auf den ich euch verpflichte" an 12,28 *(ʾet kål haddebārîm hāʾellæh) ʾašær ʾānokî meṣawwækā* „(alle diese Worte,) auf die ich dich verpflichte", und durch *tišmerû laʿaśôt* „ihr sollt (darauf) achten und euch (daran) halten" an die gleichlautende Mahnung in 12,1[16] zurückgebunden. 13,19 wird über die Kanonformel hinweg aus den beiden Abschlußparänesen 12,25 und 28 Formeln, speziell den Promulgationssatz, aufgreifen.

Die wichtigste Wortklammer zwischen Kapitel 12 und 13 ist *ʿbd* „dienen". Das Verb wird hier vergleichsweise häufig, nämlich in 12,2.30; 13,3.5.7.14, verwendet. Es steht in den Rahmengesetzen 12,2–3 und 12,29–31 für den Götterkult der Völker Kanaans, in den drei Gesetzen 13,2–6.7–12.13–19 je einmal für den „Dienst", die ganze Beziehung Israels zu „anderen Göttern"; in 13,5 bezeichnet es den Jahwedienst. Verbindet 12,30 durch *ʿbd* die Kapitel 12 und 13,[17] so liefert 12,31 mit den Ausdrücken *(ʿśh) tôʿebâ* „einen Greuel (begehen)", *bānîm* „Söhne", *śrp bāʾeš* „im Feuer verbrennen" die Stichwörter für 13,13–19, das letzte Gesetz in Kapitel 13:

V. 14 „niederträchtige Menschen" *(benê beliyyaʿal)*
V. 15 „dieser Greuel wurde begangen" *(ʿśh* ni. *tôʿebâ)*
V. 17 „du sollst die Stadt im Feuer verbrennen" *(śrp bāʾeš)*

---

[15] Die Kapitelzählung des Masoretentextes sieht hier den Anfang von Dtn 13, die Petucha und die Zählung der Septuaginta das Ende von Dtn 12. Dieses Schwanken über die Kapitelzuordnung beeinträchtigt aber nicht die texttrennende Funktion der Kanonformel.

[16] So zum Beispiel *Merendino, Gesetz,* 41.

[17] Das Prinzip, daß *ʿbd* in jedem der thematisch zusammengehörenden Gesetze einmal belegt ist, wäre nicht mehr gegeben, wenn man mit *Rofé,* „Laws," 278, 16,21–17,7 zwischen 13,1 und 13,2–19 versetzt. *ʿbd* würde dann in den beiden Gesetzen 16,21–22 und 17,1 fehlen. Daß 16,21–17,7 im gegenwärtigen Kontext keineswegs deplaziert ist, wird gegen *Rofé,* „Arrangement," 278, noch nachgewiesen werden.

In 13,2–19 geht es also nicht mehr wie in 12,29–31 um die Übernahme von Kultformen, sondern um die Götter selber, jedoch nicht um die Götter der vernichteten Völker Kanaans, sondern um die Götter der Völker ringsum, das heißt, alle „anderen Götter“ schlechthin.

(9) Die drei „kasuistischen“ Gesetze von 13,2–19 sind unter dem Gesichtspunkt der ausschließlichen Loyalität Israels zu Jahwe zusammengestellt. Besonders gattungsmäßig besitzen sie ihre größte formale und inhaltliche Analogie in den „hethitischen Dienstanweisungen“, die ebenfalls der ausschließlichen Treue und dem Dienstverhältnis zu einem Oberherrn gelten.[18] In 13,2–19 wird das gemeinsame Anliegen des Alleinverehrungsanspruches Jahwes von drei gesellschaftlichen Grenzsituationen her dargestellt: In den V. 2–6 ist es die Verführung zum Abfall durch Propheten oder Traumseher, die in diesem Sachbereich höchste Kompetenz besitzen und über charismatische Autorität, ja sogar über Wunderzeichen verfügen. In den V. 7–12 geht es um die Verführung zum Abfall durch Familienmitglieder und Freunde, also um den Bereich der ersten und stärksten religiösen Erfahrungen und der Intimität. In den V. 13–19 fällt eine große Gruppe („Stadt“) vom sozialreligiösen Konsens Israels ab. Die drei Gesetze sind wahrscheinlich nach der gesellschaftlichen Stellung der „Verführer“ gereiht und nach unten gestuft: vom „Propheten und Traumseher“ über „Bruder, Sohn, Tochter, Frau, Freund“ zu „niederträchtigen Menschen“.[19] Die drei Extremfälle erhellen sich gegenseitig. Sie sind sachlich zu einer Einheit geformt und sprachlich aufeinander abgestimmt. Die Unterschiede sind aussagebedingt. Die Grundstruktur der drei Gesetze ist zwar typisch kasuistisch: die Tatbestandserhebung steht in 13,2–3.7–8.13–14, wobei in jedem Gesetz die verführerische Aufforderung zitiert wird, und die Straffolgebestimmung in 13,4.6a.9.11a.16–18a, die in spezielle (V. 6a.11b) oder eher allgemeine Begründungen (V. 6b.12.18b) mündet. Doch gibt es Abweichungen von der kasuistischen Form. So finden sich erstens gerichtsprozedurale Anweisungen: V. 9b–11 im Bereich der Straffolgebestimmung, V. 15 schon im Bereich der Tatbestandserhebung; sie fehlen in 13,2–6, weil der Prophet beziehungsweise Traumseher öffentlich auftritt und sich damit Anzeige, Ermittlungsverfahren und Feststellung des Tatbestandes erübrigen. Zweitens wird, wo es sich erst um die Verführung zum Abfall handelt, vor der Straffolgebestimmung zunächst aufgefordert, der Verführung nicht nachzugeben (V. 4–5 mit breiter paränetischer Begründung; V. 9a). Im Grund steht also die

[18] *Rose, Ausschließlichkeitsanspruch,* 26–33.
[19] Vgl. *Kaufman,* „Structure,“ 126.

Mahnung zur ausschließlichen Jahweverehrung im Vordergrund, die Strafbestimmung für den Fall der Abweichung ist erst das nachgeordnete Interesse dieser Gesetze. Drittens wird nicht wie bei kasuistischen Rechtssätzen in der dritten, sondern in der zweiten Person formuliert.

(10) 13,2–19 bilden drei „kasuistische" Ausführungsgesetze zum 1. Gebot, dem Fremdgötter- und Bilderverbot.[20] Denn ganze Passagen paraphrasieren den Dekalogsanfang 5,6–10. Sie fügen zu ihm die folgenden wichtigen Elemente hinzu:

5,6 „Jahwe, dein Gott"
    13,18–19: der Gott der Väterverheißung
„der dich aus Ägypten geführt hat, aus dem Sklavenhaus"
    13,6: „herausführen" (*yṣ'* hi. für die Sklavenbefreiung) wird durch „freikaufen" *(pdh)* verdeutlicht
„andere Götter"
    13,3.7.14: „die du (und deine Vorfahren) bisher nicht kanntest"
    13,8: „unter den Göttern der Völker, die in eurer Nachbarschaft wohnen, in der Nähe oder weiter entfernt, zwischen dem einen Ende der Erde und dem andern Ende der Erde"
5,7 „Du sollst neben mir keine anderen Götter haben"
    Hier tritt eine Vielfalt von Formulierungen für den Dienst anderer Götter und den Dienst Jahwes ein:
        13,3 „nachfolgen" + „dienen"
        13,4 „lieben mit ganzem Herzen und ganzer Seele"
        13,5 „nachfolgen", „fürchten", „auf die Gebote achten", „auf die Stimme hören", „dienen", „sich an ihm festhalten"
        ferner 13,7 und 14 („nicht kennen")
5,9–10 (strafend und huldvoll, je nach menschlichem Verhalten)
    13,18–19: neu gesehen: was geschieht, nachdem die Schuld da ist?

Die Redaktion, die den deuteronomischen Kodex nach dem Aufbau des Dekalogs angeordnet hat, konnte Dtn 12–13 problemlos als Kommentar zum Fremdgötter- und Bilderverbot (5,6–10) betrachten.[21]

---

[20] *Lohfink*, „These," 104.

[21] *Kaufman*, „Structure," 122–129, ordnet 13,1–14,27 dem Verbot des Namensmißbrauchs (Dtn 5,11) zu. Er versucht das für Dtn 13 über sprachliche Gemeinsamkeiten mit 19,16–21, dem Gesetz über falsche Zeugenaussage vor Gericht, und eine von Ex 23,1.23 inspirierte Assoziation zwischen *šem* „Name" und *šm'* „hören" (Dtn 13,4.5.9.12.13.19) zu beweisen. Diese Zuordnung ist sehr weit hergeholt. Gegen sie spricht vor allem, daß 13,2–19 engste Beziehungen zum 1., nicht aber zum 2. Dekalogsgebot hat.

3. Dtn 14,1–21 – Zweites Gebot: Israel, das heilige Volk Jahwes, in Ritualdifferenz zu den Völkern anderer Götter

(1) Wie die drei Gesetze 13,2–19 so hängen auch die drei Gesetze 14,1–21 an 12,29–31, dem Verbot von Riten, mit denen die Völker Kanaans ihre Götter verehren. 13,2–19 hat zunächst das Motiv der „Götter der Völker" aufgenommen und von der ausschließlichen Bindung Israels an seinen Gott gehandelt. 14,1–21 greift das Motiv „Riten anderer Völker" auf und behandelt Israels Ablehnung der rituellen Muster der Völker und der in ihnen steckenden Symbolik. Dem einzigen Gott Israels entspricht das einzigartige Verhältnis, in dem sein Volk zu ihm steht. Es bringt die „Kinder Jahwes" in eine Ritualdifferenz zu den anderen Völkern.
Der Zusammenhang ist auch am Wortlaut festgemacht. Die Wortklammern zwischen 12,31 und 14,1–21 stehen zu Beginn des ersten und zweiten Gesetzes von Kapitel 14 und markieren ihr Anliegen:

12,31 „Sie haben sogar ihre Söhne *(bānîm)* und Töchter im Feuer verbrannt, (wenn sie) ihren Göttern (dienten)" (Brückenelemente 13,14.17)

Wiederaufnahme 14,1: „Ihr seid Söhne / Kinder *(bānîm)* Jahwes, eures Gottes"

12,31 „Sie haben (wenn sie) ihren Göttern (dienten) alle Greuel *(kål tô-ᶜᵃbat YHWH)* begangen, die YHWH haßt" (Brückenelement 13,15)

Wiederaufnahme 14,3: „Du sollst nichts essen, was ein Greuel *(kål tôᶜebâ)* ist"

(2) Die drei Gesetze von 14,1–21 explizieren die Besonderheit Israels als Enthaltung von für die anderen Völker typischen Bräuchen und vor allem auch Speisen. Die V. 1–2 verbieten Trauerriten, die V. 3–21a bestimmte Speisen, V. 21b eine bestimmte Speisenzubereitung. Trotz der unterschiedlichen Länge stellen die drei Gesetze eine Einheit dar. Das ergibt sich besonders klar aus der formalen Gestaltung. Die V. 2 und 21aβ begründen die vorausgehenden Verbote mit der Heiligkeit Israels. In den V. 1 und 21aα.b liegt dann zusätzlich eine doppelte motivliche Rahmung vor, die in die Sphäre von Leben und Tod führt, den Raum altorientalischen Fruchtbarkeitskultes und altorientalischer Jenseitsreligion:

A	14,1	„Ihr seid Kinder Jahwes, eures Gottes"
B		Verbot von Totenritualen
B'	21aα	Verbot, Aas zu essen
A'	21b	Zicklein / Mutter

Diese Rahmung macht aus den drei Paragraphen eine geschlossene Gesetzesgruppe.

(3) Zum Namensgebot des Dekalogs (5,11) kann 14,1–21 nur über einige Denkumwege in Beziehung gesetzt werden.[22] Redaktionsgeschichtlich dürfte dieser Zusammenhang auch nicht intendiert gewesen sein. Die spätere *relecture,* die den Text in das Konzept, den Aufbau des ganzen Kodex vom Dekalog her zu organisieren, integrierte, hat ihn dann wohl in dem Sinn verstanden: Israel mißbraucht den Namen seines Gottes, wenn es seine Besonderheit als Volk Jahwes rituell verleugnet.

4. Dtn 14,22–16,17 – Drittes Gebot: Kult und „Bruderschaft" in heiligem Rhythmus

(1) Die erste in Kapitel 12 begonnene Assoziationskette ist zu Ende geführt. Die Disposition kann daher die andere dort angelegte Themenspannung aufgreifen, die von Raum und Zeit. Kapitel 12 faßte Zentralisationsgesetze unter dem Aspekt des Raumes zusammen, nämlich des einen Ortes, den Jahwe erwählt hat. 13,2–14,21 war dazu eine Art assoziativer Digression. Das zeigt sich auch daran, daß die Gesetze jetzt wieder zum Anfangspunkt zurückkehren. 14,22–16,17 setzt wieder beim Zentralheiligtum ein und entfaltet den Aspekt der Zeit. Im Unterschied zu Kapitel 12, wo die Gesetze wegen der einzigen legitimen Kultstätte nicht mehrere Ortsangaben machen können, dienen in 14,22–16,17 verschiedene Zeitangaben als Dispositionssignal. Nirgends sonst im Dtn wird zum Beispiel so häufig, nämlich 10mal, das Wort *šānâ* „Jahr" gebraucht.[23]

(2) Die Brücke zwischen 14,22–16,17 und den unmittelbar vorausgegangenen Gesetzen schlägt das Stichwort *'kl* „essen". Es fehlt in Kapitel 13, steht aber 14mal (also 2 × 7mal) in 14,3–21 und kann somit leicht als Schlüsselwort erkannt werden. Es verknüpft die beiden letzten Gesetze des ersten privilegrechtlichen Teils (12,2–14,21), nämlich die Speiseverbote in 14,3–21a.21b, mit den beiden ersten Gesetzen des zweiten privilegrechtlichen Teils (14,22–16,17), nämlich den Geboten des Zehnten in

[22] *Kaufman,* „Structure," 127, konstruiert einen Zusammenhang über *tô^cebâ* in 14,3 und verweist vor allem auf *tô^{ca}bat YHWH* in Spr 8,7; 12,22; 17,15, wo der Ausdruck speziell für falsche Rede verwendet wird.

[23] Dtn 14,22.28 (2mal); 15,1.9.12.18.20 (2mal); 16,16.

14,22–27.28–29. Die sachliche Nähe wird besonders deutlich, wenn man den Zehnten als „Auftischung“ versteht.[24]

(3) Eine erste Einheit ist mit der Gesetzesgruppe 14,22–15,23 gegeben. Den sechs Gesetzen ist gemeinsam, daß es in ihnen im Zusammenhang mit heiligen Rhythmen immer um die Aufhebung der in Israel entstehenden Klassenunterschiede geht. 14,22–27, das Gesetz über den Genuß des Zehnten am Zentralheiligtum, verfügt, daß auch die Leviten einzuladen sind. Der Zehnte wird zwar schon von den Opferlisten in 12,6.11.17 erwähnt. Doch werden erst jetzt seine Modalitäten geregelt. Dabei zeigt sich, daß er gar nicht jedes Jahr ins Zentralheiligtum gebracht werden soll. Denn nach 14,28–29 ist er jedes dritte Jahr am Wohnort zur Versorgung der Leviten, Fremden, Waisen und Witwen abzuliefern. Damit ist aber die Ortsfrage sekundär geworden, und die Anordnung nach dem Zeitgesichtspunkt tritt in den Vordergrund. Es liegt nahe, nach dem Stichwort „jährlich“ und dem Stichwort „alle drei Jahre“ nun den Blick auf das Abschlußjahr des Gesamtzyklus zu richten und das zu behandeln, was „alle sieben Jahre“ zu geschehen hat. Daher spricht 15,1–6 von dem in jedem siebten Jahr fälligen Schuldenerlaß, und 15,7–11 schließt logisch für die Zwischenzeit an, daß man trotz dieses im siebten Jahr fälligen Schuldenerlasses dem armen Israeliten immer Kredit geben soll. Ebenfalls von der Zahl sieben her wird in 15,12–18 das Gesetz über die Freilassung von Schuldknechten nach sechs Jahren Selbstverknechtung, also im siebten Jahr, angereiht. Wahrscheinlich ist das nicht das festliegende siebte Jahr des Siebenerzyklus, sondern das siebte Jahr nach der jeweils individuellen Versklavung. Solche Sklavenfreilassungen konnten also faktisch in jedem Jahr stattfinden. So ist es naheliegend, nach dieser von Zeitspannen geprägten Digression mit 15,19–23 zu einer Verpflichtung zurückzukehren, die jährlich aktuell ist und ans Zentralheiligtum führt, dem Erstgeburtsopfer vom Vieh. Damit ist aber der Ausgangspunkt von 14,22 wieder erreicht.
Die Gesetze in 14,22–15,23 sind nicht nur nach dem Zeitaspekt, sondern auch nach dem Sozialstatus der betroffenen Personen aneinander gereiht. So sollen nach 14,22–27 bei den jährlichen Abgaben am Heiligtum „du und deine Familie“ Mahl halten und fröhlich sein; dabei darf der „Levit“

[24] *Airoldi*, „decima“. *Klostermann, Pentateuch*, 311, verbindet auch die Kapitel 12–13 und 14,3–21 „durch den Aspekt des Essens“: Weil die „Opfer vorwiegend als festliche Mahlzeiten vor Jahwe erscheinen, so konnte sich passend ... der Unterricht über die dem Israeliten zur Nahrung überhaupt gestatteten Tiere anschließen“.

nicht im Stich gelassen werden (V. 27). 14,28–29 bestimmt dann, daß in jedem dritten Jahr der Zehnte für die „Leviten, Fremden, Waisen und Witwen" in den einzelnen Stadtbereichen abzuliefern ist. Der in jedem siebten Jahr fällige Schuldenerlaß ist 15,1–6 zufolge jedem „armen Bruder" zu gewähren. Nach 15,7–11 ist ihm auch jederzeit Kredit zu geben. 15,12–18 fordert, den „versklavten Bruder" im siebten Jahr aus seiner Schuldknechtschaft zu entlassen. 15,19–23 schließlich bestimmt, daß „du und deine Familie" (V. 20) jedes Jahr die Erstgeburt des Viehs am Heiligtum verzehren sollen. Damit ist der Ausgangspunkt der sozialen Leiter wieder erreicht. Denn vom Familienmahl an der erwählten Stätte hat schon 14,23 gesprochen.[25]

(4) Wurde der Zehnte der gesamten Ernte (beziehungsweise sein Geldwert) am Laubhüttenfest zum Zentralheiligtum geschafft, so dürfte auch das Erstgeburtsopfer von 15,19–23 auf diesem Herbstfest dargebracht worden sein. Denn 14,23 verbindet beides miteinander.[26] Auch die Redaktion der Gesetze rechnet wahrscheinlich mit dem Herbsttermin der beiden Opfer. Denn in 16,1–17 beginnt eine neue, vom Zeitlauf bestimmte Gesetzesgruppe mit dem Frühlingsfest und regelt Pesach-Mazzot, Wochen- wie Laubhüttenfest. 16,16–17 faßt die „Wallfahrtsfeste" zusammen und schließt damit die Gesetzesgruppe ab. Das Thema „Privilegrecht Jahwes" ist jetzt in räumlicher und zeitlicher Dimension durchlaufen.

(5) Die eigentlichen Angelpunkte seiner Anordnung sind die Gesetze, die vom Zentralheiligtum handeln: zunächst die Gruppe der Opfergesetze in 12,4–28, dann – nach der ersten Digression – in 14,22–27 das Gesetz über die Ablieferung des jährlichen Zehnten, dann – nach der zweiten Digression – in 15,19–23 das Gesetz über die Schlachtung der Erstlinge, und schließlich die Festgesetze in 16,1–17. Die Zentralisationsgesetze sind also nicht willkürlich eingebaut, sondern strategisch verteilt. Die Systematik, die sie selbst untereinander verbindet, wird später noch eigens dargestellt werden.

(6) Im Rahmen der Dispositionsstruktur des ganzen Gesetzesteils gibt es weitere redaktionelle Klammern innerhalb einzelner Gesetzesgruppen

---

[25] Dagegen durchzieht nach *Kaufman*, „Structure," 132f, das „socio-economic priority system" das 3. Gebot und seinen Gesetzesbereich (14,28–16,17). Speziell Dtn 15 und 16,11.14 seien in Entsprechung zu 5,14b nach der Abfolge „Freie – Sklaven – Tiere" strukturiert.

[26] Der deuteronomische Kodex spricht – von 22,9 abgesehen – nur beim Zehnten (14,22.28; 26,12) und beim Laubhüttenfest von *t^e^bû'â* „Ertrag", deutet den Bezug also auch terminologisch an.

oder zwischen Einzelgesetzen. In 15,1–18 ist das zum Beispiel der Terminus *'āḫ* „Bruder", der hier zum ersten Mal innerhalb des deuteronomischen Kodex für den israelitischen Volkgenossen (beziehungsweise die Israelitin) steht und siebenmal (15,2.3.7a.7b.9.11.12) verwendet wird. Redaktionsgeschichtlich entscheidend dürfte die ebenfalls siebenmal gebrauchte Zahl „sieben" im Zeitschema der drei Wallfahrtsfeste (16,3.4.8.9a.9b.13.15) sein.[27] Wie wichtig gerade diese Zeitangabe ist, zeigt sich nicht zuletzt daran, daß sie auch als Struktursignal gebraucht wird: *šibᶜat yāmîm* „sieben Tage" rahmt im ersten, dem Paschagesetz, die eigentlichen Mazzotverse 16,3aβ–4a und gliedert das dritte Festgesetz in die beiden Teile 16,13–14 und 15. Im zweiten Wallfahrtsgesetz ist *šibᶜâ šābuᶜot* „sieben Wochen" das Außenglied der konzentrischen Struktur, durch die die Errechnung des Wochenfesttermines in 16,9 formmäßig aus den übrigen Rubriken herausgehoben wird.

(7) Ein Siebenerrhythmus bestimmt die Ackerbrache und Schuldentilgung (15,1.9) sowie die Freilassung eines hebräischen Sklaven im siebten Jahr (15,12), die sieben Wochen vom Beginn der Weizenernte bis zum „Wochenfest" und die siebentägige Dauer des Pascha wie des Laubhüttenfestes. Er läßt sehr leicht die ebenfalls sozial wie kultisch geprägte Sabbatruhe am siebten Tag (5,14) assoziieren. Ihr Arbeitsverbot verbindet im Dtn den Sabbat speziell mit dem siebten Tag der Paschawoche (16,8).[28] Die Beziehung wird durch das Motiv vom Auszug aus Ägypten, das vor allem den Sabbat wie das Pascha (16,1–8), aber auch die Freilassung des hebräischen Sklaven in 15,15 und die Teilnehmerliste am Wochenfest in 16,12 begründet, noch weiter verstärkt. Die Redigierung des deuteronomischen Kodex nach dem Dekalogsaufbau konnte daher den zweiten Teil des Privilegrechts (14,22–16,17)[29] passend als Bereich des 3. Dekalogsgebots (5,12–15) interpretieren.[30]

---

[27] S. dazu und zum folgenden *Braulik*, „Funktion," 41.

[28] Der Terminus *mᵉlā'kâ* „Arbeit" wird im Dtn nur in 5,13.14 (Sabbat) und 16,8 (Pascha) verwendet.

[29] Nach *Kaufman*, „Structure," 128f, steht 14,22–27 (beziehungsweise 14,22–29) als Übergangsparagraph zwischen dem 2. und 3. Gebot. Dagegen spricht vor allem die klare Einbindung der Perikope in die temporale Disposition des zweiten Privilegrechtteils.

[30] Vgl. auch die Verbindung der gleichen Themen in Ex 23,10–19 und 34,18–26.

5. Exkurs: Die Systematisierung der Opfergesetze des dtn Kodex

(1) Die vier Opfergesetze in 12,4–28 sind mehrfach sprachlich und motivlich miteinander vernetzt. Das wurde bereits nachgewiesen. Ebenfalls dargestellt wurde, wie 14,22–27; 15,19–23 und 16,1–17 in ihren Kontext eingebunden sind. Der folgende Exkurs geht darüber hinaus und untersucht die Technik, mit der die verschiedenen Opferanweisungen, die im vorliegenden dtn Kodex zumeist nicht unmittelbar aufeinander folgen, miteinander verklammert werden. Es gibt insgesamt sieben Textzusammenhänge, innerhalb derer das Opfer von Tieren oder die Darbringung von Früchten geregelt wird: 12,4–28; 14,22–27; 15,19–23; 16,1–8; 17,1; 18,1–8; 26,1–11. Diese Texte enthalten zehn Gesetze.[31] Es gibt einige Opfer, deren Materie keine eigenen Rubriken zu erfordern scheint. Ihre Nennung innerhalb oder außerhalb der genannten Texte tritt offenbar nicht in das jetzt zu erhebende System ein.[32] Es wird sich zeigen, daß die sieben „Opfertexte" über die dazwischen liegenden Gesetzesgruppen hinweg vor allem durch sukzessive Gabelungen von Themen und Wortverbindungen aneinander gehängt, durch palindromische Strukturen systematisiert und durch speziell in diesen Gesetzen gebrauchte Wendungen und Stichwörter untereinander verknüpft sind.

(2) Ausgangspunkt ist die Unterscheidung zwischen „Opfer" und „Profanschlachtung", die in 12,13–19 in zwei „Nicht-sondern"-Schemata (12,13–16 und 12,17–19) kommentarlos eingeführt wird. Sie bilden die

---

[31] Der umschriebene Bereich deckt sich nicht ganz mit den Zentralisationsgesetzen. Nur im ersten Gesetzesblock 12,2 – 16,17 sind die einzelnen Gesetze mit den dort vorhandenen Zentralisationsgesetzen identisch. Dann wird es anders. Denn das Verbot fehlerhafter Opfer in 17,1 gehört nicht zu den Zentralisationsgesetzen; umgekehrt enthält das Gesetz über das Zentralgericht in 17,8–13 keine Opferbestimmung.

[32] Es handelt sich um private Spenden für den Kult und die Priesterschaft, wie Gaben aus persönlichem Anlaß – aufgrund eines Gelübdes oder aus freiem Antrieb: *t^{e}rûmat yædkæm w^{e}nidrêkæm w^{e}nidbotêkæm* „eure Handerhebungsopfer, eure gelobten und freiwilligen Gaben". Sie sind deshalb zwar in den Opferkatalogen verzeichnet (12,6, ähnlich 12,17; vgl. 12,26), werden aber durch kein Gesetz konkretisiert. Weiteres fehlen eigene Anordnungen über *missat nidbat yād^{e}kā* „die freiwillige Gabe nach dem Maß (des Segens)" am Wochenfest (16,10) und die Verpflichtung jedes Mannes zu *matt^{e}nat yādô* „seiner Gabe", die dem erhaltenen Segen entspricht, an den jährlichen Wallfahrtsfesten (16,17), weil beide weitgehend den einzelnen Opfernden überlassen sind.

beiden Äste der ersten thematischen Gabelung. Beide erhalten in den folgenden drei Opfergesetzen eine Legalinterpretation. Die zwei *raq*-Aussagen von 12,15–16 über die Profanschlachtung und die Behandlung des Bluts werden sofort in 12,20–28 juristisch präzisiert. Die Bestimmung in 12,17–18 über das Mahl der restlichen fünf Opferarten am Zentralheiligtum wird in 14,22–27 und 15,19–23 weiter expliziert. Diese zwei Gesetze erläutern allerdings nur die beiden ersten, von 12,17 genannten Opferarten, den Zehnten und die Erstgeburt des Viehs. Die übrigen drei werden zwar noch summarisch in der Opferliste von 12,26 erwähnt, bleiben aber der persönlichen Initiative überlassen und sind daher nicht mehr weiter geregelt.

(3) 12,17 bereitet das Gesetz über den Zehnten 14,22–27 durch eine differenzierte Aufzählung der Opfermaterie und eine Umreihung der Opfer vor. Sprechen die beiden vorausgehenden Opferkataloge einfach von „euren Zehnten" (12,6.11), so präzisiert 12,17a zu *ma'śar d^{e}gān^{e}kā w^{e}tîroškā w^{e}yiṣhārækā,* dem „Zehnten von Korn, Wein und Öl". *b^{e}korot b^{e}qarkæm w^{e}ṣo'nkæm* „die Erstlinge eurer Rinder, Schafe und Ziegen", die in 12,6 an letzter Stelle genannt werden, stehen in 12,17 gleich hinter den Zehnten, auf dem traditionellen Platz des „Handerhebungsopfers" (12,6.11), das jetzt ans Ende rückt. Das Zehntgesetz greift nämlich in 14,23a die Formulierungen von 12,17a*.18aα* über den Zehnten *und* die Erstgeburt des Viehs auf und liefert damit die zweite Gabelung. Der Rest des Gesetzes behandelt aber nur ihren ersten Teil, nämlich den Zehnten. Die Verbindung zwischen 12,17 und 14,23 wird noch dadurch verstärkt, daß sich die Wendung *'kl ma'śar...* „den Zehnten von ... verzehren" im Dtn nur in diesen beiden Versen findet. 14,24–26 übernimmt in V. 24 aus 12,21a* die Voraussetzung, daß die Entfernung vom Zentralheiligtum für den Transport zu weit ist – *rḥq* „fern sein" wird im Dtn nur an diesen beiden Stellen gebraucht –, und adaptiert die Legalinterpretation der Profanschlachtung für vegetabilische Opfer. Daß sie angezielt ist, beweist auch die Wendung *'wh* pi. *næpæš* „Appetit haben", die im Dtn nur in 12,20a und 14,26 belegt ist.[33] Am Ende des Gesetzes übernimmt 14,27 aus dem zweiten „Nicht-sondern"-Schema noch von 12,19 die Mahnung, die Leviten nicht im Stich zu lassen, wobei *'zb hallewî* im Dtn nur an diesen beiden Stellen steht.

[33] Sie ist offenbar wegen dieser Klammerfunktion gewählt und abgehoben von der Wendung *b^{e}kål 'awwat næpæš* „ganz nach Herzenslust" in 12,15.20b.21, die aber – sofern sie sich auf Israel bezieht – im Dtn ebenfalls auf den Kontext der Profanschlachtung beschränkt ist.

(4) Das Gesetz über das Opfer der Erstlingstiere 15,19–23 greift in V. 19a den zweiten Teil der Gabelung von 14,23, nämlich V. 23aβ (= 12,17aβ), auf, präzisiert aber (wie 12,17 im Blick auf das Zehntgesetz) *b^{e}korot b^{e}qār^{e}kā w^{e}ṣo'nækā* „die Erstlinge deiner Rinder, Schafe und Ziegen" zu *kål habb^{e}kôr '^{a}šær yiwwāled bibqār^{e}kā ûb^{e}ṣo'nkā* „alle *männlichen* Erstlinge, die unter deinen Rindern, Schafen und Ziegen geboren werden". V. 19b kann deshalb *bāqār* „Rind", das bisher in den Opfergesetzen stand (12,6.17.21; 14,23.26), durch *šôr* „Stier" ersetzen, wodurch die im Dtn einmalige Kombination von *šôr* + *ṣo'n* „Stier" + „Schaf und Ziege" entsteht. *šôr* wird danach nur in 17,1 und 18,3 im Opferzusammenhang gebraucht.[34] 15,19 bereitet durch diese Terminologie der Opfermaterie die folgenden drei Opfergesetze stilistisch vor. Denn das Paschagesetz 16,1–8 nennt wie 15,19a *bāqār* + *ṣo'n* als Opfermaterie des Pesach (wenn auch in der umgekehrten Reihung *ṣo'n ûbāqār*) – die Ausdrücke werden danach im dtn Kodex nicht mehr miteinander verbunden –, während das Verbot fehlerhafter Opfer in 17,1a an *šor* + *ṣo'n* von 15,19b anknüpft, allerdings das zweite Element *ṣo'n* ersetzt und so den im vorausgehenden Dtn noch nicht gebrauchten Ausdruck *šor wāśæh* „Stier und Lamm" schafft. Ihn nimmt schließlich die Bestimmung über den Priesteranteil am Schlachtopfer in 18,3 auf. Folgende Übersicht veranschaulicht die terminologische Verschiebung:

A + B	15,19a	*kål habb^{e}kôr … bibqār^{e}kā ûb^{e}ṣo'nkā*
C + B	15,19b	*bibkor šôrækā … b^{e}kôr ṣo'nækā*
B + A	16,2	*ṣo'n ûbāqār*
C + D	17,1	*šôr wāśæh*
C + D	18,3	*'im šôr 'im śæh*
A + B	15,19a	„alle männlichen Erstlinge … unter deinen Rindern, Schafen und Ziegen"
C + B	15,19b	„mit einem Erstlings*stier* … ein Erstlingsschaf"
B + A	16,2	„Schafe, Ziegen oder Rinder"

[34] Trotz der Aufspaltung von *kål habb^{e}kôr … bibqār^{e}kā ûb^{e}ṣo'nkā* (15,19a) in *bibkor šôrækā … b^{e}kôr ṣo'nækā* (15,19b) dürfte in 15,19b keine Gabelung vorliegen. Sie würde sich entweder mit der sofort zu besprechenden Gabelung in 15,21 überschneiden oder sie ginge mit beiden Ästen auf das gleiche Gesetz. Bezieht sich *šôr* auf 17,1, würde dieses Gesetz doppelt, nämlich auch durch die eindeutige Formulierung von 15,21 (siehe dazu unten), anvisiert. Ist *šôr* aber erst auf 18,3 zu beziehen, dann zielt der Ausdruck wie auch *ṣo'n* auf die Priestereinkünfte (18,3–4). Denn *gzz … ṣo'n* verweist auf *gez ṣo'n* in 18,4 (siehe dazu unten).

C + D	17,1	„Stier und *Lamm*“
C + D	18,3	„sei es ein Stier oder ein Lamm“

15,21–23 regelt, wann eine Profanschlachtung der Erstgeburt notwendig ist. Damit werden die Legalinterpretationen von 12,13–19 abgeschlossen. In 15,21 setzt die dritte und letzte Gabelung an, die in 16,1–8 und 17,1 mündet. Nach diesem Vers darf man ein Tier, *kî yihyæh bô mûm pisseaḥ 'ô 'iwwer kol mûm rā'* „wenn es einen Fehler hat, (wenn es) hinkt oder blind ist, (wenn es) irgendeinen Makel hat“ (V. 21a), *lo' tizbāḥænnû lYHWH 'ælohækā* „nicht für Jahwe, deinen Gott, schlachten“ (V. 21b). *pisseaḥ* ist im Dtn Hapaxlegomenon, aber wurzelverwandt mit *pæsaḥ* „Pascha“ und schlägt deshalb assoziativ die Brücke zu dem in 16,1–8 unmittelbar folgenden Pesach-Mazzot-Gesetz (*pæsaḥ* in 16,1.2.5.6).[35] Wie *pisseaḥ* im *pæsaḥ*-Gesetz 16,1–8, so wird *yihyæh bô ... kol mûm rā'* in 17,1, dem Verbot fehlerhafter Opfer, durch *yihyæh bô mûm kol dābār rā'* „(Stier oder Lamm, die) einen Fehler, irgendeine Mißbildung haben“ fortgesetzt. Die Beziehung ist klar, weil sich das Nomen *mûm* im Dtn nur in 15,21a und 17,1a findet und auch das Schlachtungsverbot von 15,21b nur in 17,1a eine Entsprechung hat.[36]

15,22–23 verdeutlicht abschließend, wie die Profanschlachtung auf fehlerhafte Erstgeburten anzuwenden ist. Wie 14,23 und 24 die Formulierungen von 12,17a*.18aα* und 21a* aufgreifen, so ist 15,22–23 mit geringfügigen Variationen aus dem Wortmaterial von 12,15*.16 und *12,22b *(yaḥdāw)* zusammengesetzt. Die beiden „Nicht-sondern“-Schemata des Gesetzes über die Profanschlachtung (A: 12,13–16; B: 12,17–19) werden somit in den Legalinterpretationen von *12,20–15,23 in Form einer palindromischen Struktur zitiert:

	12,13–16 und 12,17–19
A	12,15–16 in 12,21–24
B	12,17a*.18a* in 14,23–24

[35] Die Anordnungen über die Erstgeburt haben – wie Ex 34,18–20 (vgl. 13,1–16) zeigt – ihren traditionellen Platz in der Nähe der (Pesach-)Mazzot-Bestimmung.

[36] Das Verb *zbḥ* „schlachten“ begegnet im Ablauf des Dtn erstmals in 12,15 und 21 und bezeichnet hier die Profanschlachtung. Es steht dann erst wieder im Verbot von 15,21b: „Du sollst (das fehlerhafte Tier) nicht für Jahwe, deinen Gott, schlachten“. Durch diese Formulierung ist der Überstieg von der Profanschlachtung zum Opfer vorbereitet. Erst das anschließende Pesach-Mazzot-Gesetz bezeichnet mit *zbḥ* positiv das opfernde Schlachten (16,2.4.5.6). Hier liegt auch das Schwergewicht des Wortgebrauchs. 17,1 verallgemeinert die Formulierung von 15,21. Danach wird *zbḥ* im dtn Kodex nur mehr in 18,3, und zwar für das Darbringen eines Schlachtopfers, verwendet.

B’ 12,17aβ* in 15,19aα
A’ 12,15*.16 in 15,22–23

(5) Die Terminologie von 14,23 und 15,19 wird im dtn Kodex nochmals in 18,4 bei den Priestereinkünften verwendet. Die Priester erhalten unter anderem:

> *re’šît d^{e}gān^{e}kā tîroškā w^{e}yiṣhārækā* – vgl. 14,23a
> *w^{e}re’šît gez ṣo’nkā* – vgl. 15,19b *lo’ tāgoz b^{e}kôr ṣo’nækā*
>
> „den ersten Ertrag von *Korn, Wein und Öl*“ – vgl. 14,23a
> „und den ersten Ertrag der *Schafschur* – vgl. 15,19b „ein Erstlingsschaf darfst du nicht scheren“

gez „Schur“ findet sich im Dtn nur in 18,4, *gzz* „scheren“ nur in 15,19, so daß der Bezug aufgrund der gleichen Wurzel erkennbar ist. Die Trias *d^{e}gān^{e}kā tîroškā w^{e}yiṣhārækā* „Korn, Wein und Öl“ steht im dtn Kodex zum letzten Mal im Priesterrecht.
Das gilt auch für das Verb *zbḥ* „schlachten“. Es wird außerdem im Alten Testament nur in Dtn 18,3 in Form der Paronomasie *zobḥê hazzæbaḥ* „die ein Schlachtopfertier schlachten“ konstruiert. Das Objekt von *zbḥ* ist dabei *šôr* + *śæh* „Stier“ + „Lamm“. Diese Verbindung ist im Dtn nur in 17,1 und 18,3 belegt, stellt also eine Beziehung zwischen den beiden Gesetzen her. Sie wird im Zusammenhang der Überleitung zu den Ämtergesetzen noch weiter besprochen werden.
Der Ausdruck *re’šît* „erster Ertrag“, der im Verlauf des dtn Kodex erstmals in 18,4 begegnet, bezeichnet erst wieder im liturgischen Anhang 26,1–11 einen Erstertrag.[37] *re’šît* verklammert daher passend die beiden letzten Opfergesetze. Wie in 18,4 ist der Ausdruck auch in 26,1–11 zweifach gesetzt: Er rahmt in V. 2 und V. 11 in der Wendung *re’šît (kål) p^{e}rî hā’^{a}dāmâ* „der erste Ertrag (aller) Feldfrüchte“ die Darbringung der Erstlingsfrüchte.

(6) Die Opfergesetze sind somit im ersten Gesetzesblock (12,2 – 16,17) und in der Überleitung zum zweiten Gesetzesblock (16,18 – 17,1)[38] durchgehend nach dem stilistischen Schema der Gabelung aneinander gehängt:

---

[37] *re’šît* findet sich im dtn Kodex sonst nur mehr in 21,17 und meint dort den zuerst gezeugten Sohn.
[38] S. dazu unten.

1. Gabelung in 12,13–19:	
12,15–16: Profanschlachtung	12,17–18: Opferliste *ma'śar d^{e}gān^{e}kā w^{e}tîroškā w^{e}yiṣhārækā* *ûb^{e}korot b^{e}qār^{e}kā w^{e}ṣo'nækā* „der Zehnte von Korn, Wein und Öl" „die Erstlinge von Rindern, Schafen und Ziegen"
aufgegriffen in 12,20–28	*aufgegriffen in* 14,22–27
2. Gabelung in 14,23a:	
ma'śar d^{e}gān^{e}kā tîroškā w^{e}yisḥārækā	*ûb^{e}korot b^{e}qār^{e}kā w^{e}ṣo'nækā*
„der Zehnte von Korn, Wein und Öl"	„die Erstlinge der Rinder, Schafe und Ziegen"
aufgegriffen in 14,24–27	*aufgegriffen in* 15,19–23
3. Gabelung in 15,21:	
pisse^{a}ḥ …	*kol mûm rā' lo' tizbāḥænnû lYHWH '^{æ}lohækā*
„hinkend…"	„(wenn es) irgendeinen Makel (hat), sollst du es nicht für YHWH, deinen Gott, schlachten"
aufgegriffen in 16,1–8	*aufgegriffen in* 17,1

Darüber hinaus sind die sieben Opfertexte in einer palindromischen Struktur aufeinander bezogen. Verbindendes Element ist der Hauptgesichtspunkt: die Opfermaterie. Die Opferkataloge von Kapitel 12[39] und die Darbringung der Erstlingsfrüchte im liturgischen Anhang 26,1–11 im

[39] Ihnen liegt eine Siebenerreihe zugrunde, die offenbar Vollständigkeit signalisieren will. Sie wird in 12,6 und 17 ganz zitiert, wobei in 12,17 das Schlachtopfer durch die Thematik der Profanschlachtung repräsentiert ist. In der Liste fehlen allerdings die Erstlingsfrüchte – sie werden durch ein eigenes Credo aufgewertet und in 26,1–11 als volltönender Abschluß am Ende des Kodex ergänzt; ferner das Pesach – es fällt unter die Schlachtopfer, wird aber wegen seiner Besonderheiten eigens in 16,1–8 behandelt; schließlich der erste Ertrag der Schafschur, der zwar nach 18,4 wie „der erste Ertrag von Korn, Wein und Öl" den Priestern abzuliefern ist, aber im Gegensatz zu den Erstlingsfrüchten ohne Ritual bleibt. *'iššê YHWH* „Opferanteile YHWHs" in 18,1 dürfte ein zusammenfassender Ausdruck sein, ähnlich den *qādāšîm* „heiligen Abgaben" in 12,26. Den für die Priesterschaft so wichtigen Typ des Sühnopfers gibt es im Dtn nicht.

äußersten Glied sind komplementär aufeinander bezogen. Im Zentrum steht *das* Opfer schlechthin, das *pæsaḥ*. Es ist zwar ein Schlachtopfer, hat aber als einziges einen eigenen Namen, der erst und nur hier genannt wird.

A		12,6.17 (7 Opfer ohne die Erstlingsfrüchte)
B	a	14,23 *d^{e}gān^{e}kā tîroškā w^{e}yiṣhārækā*
	b	*b^{e}qār^{e}kā w^{e}ṣo'nækā*
C	c	15,21 *kî yihyæh bô … kol mûm rāʿ*
	d	*loʾ tizbāḥænnû lYHWH ʾ^{æ}lohæ̂kā*
D		16,2 *w^{e}zābaḥtā pæsaḥ lYHWH ʾ^{æ}lohæ̂kā ṣo'n ûbāqār*
C'	d'	17,1 *loʾ tizbaḥ lYHWH ʾ^{æ}lohæ̂kā …*
	c'	*yihyæh bô mûm kol dābār rāʿ*
B'	b'	18,3–4 *ʾim šôr ʾim śæh*
	a'	*d^{e}gān^{e}kā tîroškā w^{e}yiṣhārækā*
A'		26,2.10 (Erstlingsfrüchte)

A		12,6.17 Brandopfer, Schlachtopfer, Zehnter, Handerhebungsopfer, Gelübdeopfer, freiwillige Opfer, Erstgeburt des Viehs
B	a	14,23 „Korn, Wein und Öl"
	b	„Rinder, Schafe und Ziegen"
C	c	15,21 „Wenn (ein Tier) irgendeinen Makel hat,
	d	sollst du es nicht für YHWH, deinen Gott, schlachten"
D		16,2 „Als Pascha für YHWH, deinen Gott, sollst du Schafe, Ziegen oder Rinder schlachten"
C'	d'	17,1 „Du sollst YHWH, deinem Gott, (kein Tier) schlachten,
	c'	(das) einen Makel, irgendeine Mißbildung hat"
B'	b'	18,3–4 „sei es ein Stier oder ein Lamm"
	a'	„Korn, Wein und Öl"
A		26,2.12 Erstlingsfrüchte

V. Dtn 16,18–18,22 – Viertes Gebot: Ämter in Israel

1. Dtn 16,18–17,1 – Die redaktionelle Überleitung von der Kultgesetzgebung zu den Ämtergesetzen

(1) Die Ämtergesetze des Dtn beginnen in 16,18 ohne „markante Überschrift“ beziehungsweise „Einleitung“.[1] Angesichts der Organisation des gesamten Dtn ist beides allerdings auch nicht zu erwarten.[2] Doch wird der thematisch „abrupte“ Einsatz[3] mit Richtern und Listenführern[4] nach den Gesetzen über die Wallfahrtsfeste durch eine Überleitungstechnik aufgefangen. Ich habe diese Technik zunächst in 22,1–12 festgestellt. Davon inspiriert hat *U. Rüterswörden*[5] sie dann in 16,18*.19.21f gesehen und als vordeuteronomistischen Übergang von 16,1–17 zu 17,(2ff.)8ff erklärt. Die vorliegende Studie versucht keine literarkritischen Rekonstruktionen, sondern gilt der redaktionellen Endgestalt des Textes. So mag die Frage nach dem Alter des Phänomens offen bleiben. Ich beschreibe im folgenden die redaktionelle Nahtstelle zuerst kurz thematisch, stelle dann die Texte vor, die zum vorausgehenden oder nachfolgenden Gesetzesblock sachliche beziehungsweise sprachliche Bezüge erkennen lassen, und nenne schließlich jene Passagen, die keine Überleitungsfunktionen erfüllen.

(2) In 16,18–17,1 werden Kult- (12,2–16,17) und Ämtergesetzgebung (16,18–18,22) zunächst einmal thematisch ineinander verschränkt: auf Bestimmungen über die Rechtssprechung (16,18–20) folgen Verbote, die den Kult betreffen (16,21–22; 17,1). Abschließend werden beide Sachbereiche im Modellprozeß bei der Verehrung von Gestirnsgöttern (17,2–7) verbunden. Das dann folgende Verfahren bei komplizierten, auch nichtkultischen Streitfällen (17,8–13) führt nur mehr die Gerichtsthematik weiter. Es ist zwar im Zentralheiligtum lokalisiert, aber nicht um Gottesurteile zu ermöglichen, sondern wegen der Tora, die dort aufbewahrt wird und einen Rechtsentscheid gestattet. Im übrigen schwingt im Wechsel der Thematik auch der den vorausgehenden Gesetzesblock (12,2–16,17) prägende Rhythmus von Kult- und Sozialgesetzen noch irgendwie weiter.

---

[1] *Rüterswörden, Gemeinschaft,* 30 bzw. 11.
[2] S. dazu zuletzt *Braulik, Deuteronomium,* 5–7.
[3] *Lohfink,* „Sicherung,“ 144.
[4] Mit betont vorausgestelltem Objekt beginnen Gesetze auch in 13,1; 15,19; 16,9.13.
[5] *Gemeinde,* 29f.

(3) Für die Richter und Listenführer ist es nach 16,18 kennzeichnend, daß sie „in allen Stadtbereichen, die YHWH, dein Gott, dir gibt“, amtieren. *šʿr* „Stadtbereich“ wird mit einem Landgabesatz sonst im Dtn nur noch 16,5 und 17,2 verbunden. Redaktionell heißt das: Gleich zu Beginn des ersten Ämtergesetzes werden das letzte vorausgehende Opfergesetz der deuteronomischen Kultordnung, das Pascha (16,1–8), und das erste, die Ortsgerichte betreffende Gesetz durch *šʿr* + Landgabesatz miteinander verklammert. Der Bezug zu 17,2, wo nochmals ein Gesetz über die Ortsgerichte mit einem an *šʿr* angehängten Landgabesatz eingeleitet wird, ist später noch auszuwerten.

16,21–22 knüpft mit den apodiktischen Verboten, „keinen Kultpfahl, keinerlei Holz“ neben dem Jahwealtar einzupflanzen und kein „Steinmal von der Art, die YHWH haßt“, zu errichten, vor allem an den ersten Paragraphen der Kultgesetzgebung, also das Gebot, kanaanäische Kultstätten zu zerstören (12,2–3), an. Der deuteronomische Kodex spricht nämlich nur in 12,3 und 16,21.22a von *ʾašerâ* „Kultpfahl“ und *maṣṣebâ* „Steinmal“.[6] *ʿeṣ* „Holz“ wird zwar später noch in mehreren deuteronomischen Gesetzen gebraucht und kann Verschiedenes bezeichnen, findet sich aber nach 12,2 erst wieder in 16,21a. Mehr noch: Der Ausdruck *kål ʿeṣ* „jedes Holz“ wird – von 22,6 abgesehen –[7] nur an diesen beiden Stellen verwendet.[8] Auch das Stichwort *mizbeaḥ* „Altar“ verstärkt den Rückverweis auf das erste Gesetz der deuteronomischen Kultordnung: Es konfrontiert den „Altar YHWHs“ in 16,21b mit den heidnischen „Altären“ von 12,3. Schließlich gehört noch das „Hassen“ Jahwes in 16,22b in diesen Sachzusammenhang: *śnʾ* mit Jahwe als Subjekt ist im Dtn nur mehr in 12,31 belegt, das heißt, im Kontext der kanaanäischen Kultbräuche, die in 12,29–31, am Ende des ersten „Opfertextes“ und in Entsprechung zur Vernichtung der kanaanäischen Kultstätten in 12,2–3, verboten werden.

Greift 16,21–22 auf die beiden Rahmengesetze (12,2–3.29–31) der Opferordnung (12,4–28) am Beginn des ersten Gesetzesblocks (12,2–16,17) zurück, so 17,1 auf seine zwei letzten Opfertexte (15,19–23; 16,1–8). 17,1 verbietet die Darbringung jedes fehlerhaften Opfertieres und verallgemeinert damit die Vorschrift von 15,21, die sich nur auf Erstgeburtsop-

---

[6] Im übrigen Dtn stehen beide Ausdrücke noch in 7,5.

[7] Doch fehlt hier der kultische Zusammenhang. Gleiches gilt für *kål ʿeṣekā* „alle deine Bäume“ in 28,42.

[8] Trotz der verschiedenen Funktionen von *ʿeṣ* ist also 16,21 auf 12,2 bezogen – gegen *Rüterswörden, Gemeinde,* 120 Anm. 103.

fer (15,19–23) bezieht.[9] Die Wendung *zbḥ lYHWH ʾælohǣkā* „(ein Opfer) für YHWH, deinen Gott, schlachten" wird im Dtn außerdem noch in 16,2 und hier für das Pascha gebraucht. Der Bogen, den 17,1 zurückschlägt, bezieht also auch das Paschagesetz mit ein.
Somit ergibt sich: 16,21–22 und 17,1 nehmen Anfangs- und Schlußgesetze der vorausgehenden Opferordnung auf, die auf redaktioneller Ebene den gesamten ersten Gesetzesblock repräsentieren.[10]

(4) 16,18–17,1 verklammert den Verfassungsentwurf nicht nur nach hinten, sondern bereitet auch die folgenden Ämtergesetze formulierungsmäßig vor.
Die einzelnen Ämter des Verfassungsentwurfes sind mit verschiedenen „Landsätzen" verbunden, die ihren „Ort" charakterisieren. Nach 16,18 sollen „Richter und Listenführer in allen Stadtbereichen, die YHWH, dein Gott, dir in deinen Stammesgebieten gibt", eingesetzt werden. So hängt hier ein Landgabesatz an den *šeʿārîm* „Toren", wo sich die Lokalgerichte befinden. Seine Formulierung knüpft nicht nur an 16,5 an, sondern wird auch nach der Digression der Kultbestimmungen (16,21–17,1) in 17,2 aufgegriffen, um wieder zu den Ortsgerichten zurückzulenken. Das Gesetz über die Ämter von Richtern und Listenführern wird in 16,20 auch durch einen Landgabesatz abgeschlossen. Er bezieht sich auf *ʾæræṣ*, das Land, das Israel zur Inbesitznahme *(yrš)* überantwortet ist. Das Königsgesetz nimmt die beiden Sätze von der Gabe des Landes und seiner Inbesitznahme in 17,14 wieder auf.
16,19 hat seine Vorlage in Ex 23,2–3.6–8. Darüber ist sofort noch mehr zu sagen. Die nächste Parallele bildet 1 Sam 8,3. Nur in 1 Sam 8,3 werden wie in Dtn 16,19 *nṭh* hi. + *mišpāṭ* „das Recht beugen" – im Gegensatz zu Ex 23,6 ohne Beschränkung auf einen bestimmten Personenkreis – und *lqḥ šoḥad* „Bestechung annehmen" miteinander verbunden. 1 Sam 8,1–5 erzählt von den Söhnen Samuels, daß sie sich als Richter „bestechen ließen und das Recht beugten". Ihr Versagen bildete den Anlaß zur Einsetzung eines Königs, den man vor allem als besseren Richter erhoffte (1 Sam 8,5.20). In die mosaische Fiktion des deuteronomischen Richtergesetzes zurückprojiziert heißt das: Erfüllen die Richter ihr Amt, braucht Israel keinen König. Tatsächlich ist das Königtum das einzige fakultative Amt des Verfassungsentwurfes (17,14–15). Darüber hinaus möchte sein Königsgesetz (17,14–20) gerade die „Rechte des Königs" (1 Sam 8,11–17)

[9] Vgl. *Rüterswörden, Gemeinde,* 27–29.
[10] Gegen *Rüterswörden, Gemeinde,* 30, der den anvisierten Block der Kultbestimmungen auf 14,22–16,17 beschränkt.

überwinden. 16,19 zielt also durch seine Anspielung auf 1 Sam 8,3 bereits auf das in 17,14 folgende Königsgesetz.

17,1a verallgemeinert nicht nur das Verbot von 15,21, sondern formuliert es auch – sachlich unerheblich – um. Erstens spricht es nicht mehr über (Erstlinge von) *bāqār* „Rind" und *ṣo'n* „Schaf und Ziege", sondern von *šôr* „Stier" und *śæh* „Lamm". Dieser Doppelausdruck findet sich im Dtn – verbunden mit *zbḥ* – nur noch in 18,3.[11] Die Änderung deutet somit einen Bezug zum Priestergesetz (18,1–8) an. Zweitens heißt es statt *kol mûm rāᶜ* „irgendein Makel" (15,21) in 17,1a nun *mûm kol dābār rāᶜ* „ein Makel, irgendeine Mißbildung". Von *haddābār hārāᶜ* „Frevel" spricht das anschließende Gesetz beim Abfall zu Gestirnsgöttern (17,2–7) in 17,5.[12] Die Wendung steht kontextbedingt variiert zu *ᶜśh kaddābār hārāᶜ (hazzæh)* „einen solchen Frevel begehen" schon in 13,12 innerhalb der Apostasiegesetze. In 17,5 *ᶜāśû 'æt haddābār hārāᶜ (hazzæh)* summiert 17,2 *ᶜśh 'æt hāraᶜ* „das Böse tun"... und 17,4... *haddābār* „Tatbestand". 17,1a* ist also in seiner Formulierung auf 17,5 abgestimmt und verstärkt das Gefühl textlicher Einheit.

17,1b mündet in die Begründung *kî tôᶜᵃbat YHWH 'ᵉlohǣkā hû'* „denn das ist YHWH, deinem Gott, ein Greuel". Die Wortverbindung *kî tôᶜᵃbat YHWH* „denn ein Greuel für YHWH" wird in den Ämtergesetzen nur noch in 18,12 verwendet.[13] 17,1b blickt also bereits auf das Prophetengesetz (18,9–22) voraus.[14]

Zusammenfassend: Von offenbar bewußt gesetzten Formulierungsparallelen her bilden die Ämtergesetze den Horizont der Gesetze des hier untersuchten Übergangsbereiches. An seinem Anfang und Ende bereiten 16,18 und 17,1 durch ihre Stilisierung das anschließende Prozeßgesetz für Ortsgerichte (17,2–7) vor, 16,19 (indirekt) und 20 das Königsgesetz (17,14–20), 17,1a das Priestergesetz (18,1–8) und 17,1b das Prophetengesetz (18,9–22).

---

[11] Ohne *zbḥ* steht er 22,1 zu Beginn des zweiten Übergangstextes.

[12] Auf diesen Stichwortzusammenhang hat auch *Kaufman*, „Structure," 134, aufmerksam gemacht.

[13] Im deuteronomischen Gesetz ist *kî tôᶜᵃbat YHWH 'ᵉlohǣkā* noch in 22,5; 23,19; 25,16 belegt. Eine fast identische Formulierung – *kî kål tôᶜᵃbat YHWH* – findet sich innerhalb des Kodex in 12,31. Es ist jenes Gesetz, auf das auch 16,22 angespielt hat.

[14] Wegen des engen Zusammenhangs, in dem *tôᶜebâ* in 17,1 mit *haddābār* steht, konnte *tôᶜebâ* auch noch in 17,4 nachklingen. Der Hauptbezugstext innerhalb des Verfassungsentwurfes bleibt trotzdem 18,9–12, wo der Ausdruck gehäuft wie sonst nirgends im Dtn, nämlich drei Mal, verwendet wird.

(5) Dieses Netz gezielter Rückgriffe auf die Rahmengesetze der Kultgesetzgebung und planvoll geordneter Vorwegnahmen von Formulierungen der Ämtergesetzgebung kann seine redaktionelle Verbindungsfunktion nur dann richtig erfüllen, wenn die nicht verwobenen Textteile von 16,18–17,1 keinen sprachlichen Bezug zu den beiden Gesetzesblöcken 12,2–16,17 und 16,18–18,22 haben. Das ist tatsächlich ausnahmslos der Fall und soll im folgenden nachgewiesen werden. Die kritischen Größen sind dabei *(šoṭ^erîm...) lišbāṭǣkā* „(Listenführer...) in deinen Stammesgebieten" (16,18a), der Richterspiegel in 16,18b–20a, der anschließende Finalsatz *l^ema^can tiḥyæh* „damit du Leben hast" (16,20b*) und die Wendungen *nṭ^c ^{>a}šerâ* „einen Kultpfahl einpflanzen", *^cśh mizbaḥ YHWH* „einen Altar für YHWH machen" (16,21) sowie *qwm* hi. *maṣṣebâ* „ein Steinmal errichten" (16,22).

lišbāṭǣkā „in deinen Stammesgebieten" in 16,18a ist syntaktisch schwierig eingepaßt.[15] Es gehört zum Hauptsatz und ist distributiv zu verstehen: Zugrunde liegen dürfte die Vorstellung eines nach Stämmen gegliederten und in Städten lebenden Israel. Doch bleibt die Frage, warum durch eine solch ungewöhnliche Konstruktion eigens darauf aufmerksam gemacht wird. Für die Ortsrichter ist die Stammesgruppierung belanglos, offenbar aber nicht für die Listenführer. Denn nach dem Sprachgebrauch des Dtn, ja des deuteronomistischen Geschichtswerks, ist der *šoṭer* ein Funktionsträger der Stämme.[16] Das wird 1,13.15 durch Vorschlag und Ernennung von *^{>a}nāšîm* beziehungsweise *šoṭ^erîm l^eŝibṭêkæm* ausdrücklich festgestellt.[17]

16,18b erinnert durch *špṭ 'æt hā^cām* „dem Volk Recht sprechen" an die Einsetzung von Richtern durch Mose in Ex 18,13–26.[18] Diese Neuregelung der normalen Rechtsprechung ist schon Dtn 1,16–17 in die Wüstenzeit zurückprojiziert. 16,18b–19 schließt deshalb auch an diesen Text an. Am deutlichsten geschieht das mit dem Verbot, Personen zu bevorzugen. Der Prohibitiv steht 1,17 und 16,19, fehlt aber in Ex 23,6–8, also jenem

---

[15] S. dazu *Rüterswörden, Gemeinde,* 14.

[16] *Rüterswörden, Die Beamten,* 111.

[17] *Rüterswörden, Gemeinde,* 14, übersieht 1,13, rechnet a.a.O. 114 Anm. 26 bei *l^eŝibṭêkæm* in 1,15 mit der Möglichkeit einer Glosse und beurteilt schließlich den Ausdruck auch in 16,18 als „wahrscheinlich eine Glosse". Dagegen sprechen nicht zuletzt die im folgenden beobachteten weiteren Berührungspunkte zwischen 16,18–19 und 1,9–18, im Fall der Listenführer speziell 1,13.15.

[18] Die Wendung findet sich in Ex 18,13.22.26, ferner in 1 Kön 3,9.

Text, der sonst die Vorlage von Dtn 16,19 bildet.[19] Die Verbote von Ex 23,6 und 8 sind als Prohibitive gestaltet, Ex 23,7 weicht syntaktisch davon ab. Wenn in Dtn 16,19 *lo' takkîr pānîm* „du sollst kein Ansehen der Person kennen" an die Stelle von Ex 23,7 tritt, entsteht dadurch eine formmäßig geschlossene Trias von Prohibitiven. Sie eignet sich durch ihre Prägnanz besser als Richterspiegel.

Der Rückgriff von Dtn 16,18–19 auf 1,16–17 erklärt noch eine singuläre Formulierung. 1,16–17 befiehlt: *š^epaṭṭæm sædæq... lo' takkîrû pānîm bammišpāṭ* „Entscheidet gerecht... kennt vor Gericht kein Ansehen der Person". 16,19a hat auch hier den Prohibitiv verkürzt. Doch durfte der für das Gerichtswesen wichtige Ausdruck *mišpāṭ* nicht wegfallen. Er spezifiziert nun in 16,18b an der Spitze der Mahnungen die Gerechtigkeit zu *mišpaṭ ṣædæq* „gerechtes Urteil".[20]

16,19b hat bei der Begründung des Bestechungsverbotes den ganz seltenen Ausdruck *piqḥîm* „Sehende" der Vorlage Ex 23,8[21] durch die überhaupt einmalige Verbindung *ᶜênê ḥ^akāmîm* „Augen der Weisen" ersetzt. In ihr spiegelt sich höchstwahrscheinlich die Qualifikation der „weisen Männer" (1,13), die Mose 1,15 als Führer und Listenführer *(šoṭ^erîm)* stämmeweise einsetzt *(ntn)*.[22]

Die Wendung *rdp ṣædæq* „der Gerechtigkeit nachjagen" steht außer 16,20a nur noch in Jes 51,1. Das Verhältnis beider Stellen zueinander läßt sich nicht weiter bestimmen, eine Beziehung zwischen beiden ist nicht ersichtlich. Auch die Verdopplung von *ṣædæq* bleibt unerklärt. Wer keinen Zusammenhang zwischen diesen Texten annimmt, ist bei seiner Deutung von 16,20a auf Vermutungen angewiesen. Ich möchte folgende Hypothese probieren. *ṣædæq* wird im Dtn – und zugleich im deuteronomistischen Geschichtswerk – nur in 1,16; 16,18.20; 25,15 und innerhalb des Mosesegens in 33,19 verwendet. 16,20 greift zwar auf 16,18 und damit indirekt auch auf 1,16 zurück. Dem im AT nicht mehr belegten zweifa-

---

[19] Ex 23,6 wird in Dtn 16,19 verkürzt übernommen und dadurch Rechtsbeugung nicht bloß gegenüber den Armen verboten. Diese Tendenz, Verpflichtungen des Bundesbuches zu verallgemeinern, läßt sich auch sonst im deuteronomischen Gesetz feststellen – vgl. z. B. Ex 23,4–5 mit Dtn 22,1–4. Die Kurzform verdeutlicht darüber hinaus den schon erwähnten Bezug von Dtn 16,19 zu 1 Sam 8,3. Daß 16,19 trotz der sachlichen Parallele unabhängig von Ex 23 formuliert worden wäre, ist deshalb ziemlich unwahrscheinlich – gegen *Rüterswörden, Gemeinde,* 21f. S. dazu auch noch die folgenden Beobachtungen.

[20] 1,17 dürfte also nicht von 16,19 abhängig sein – gegen *Rüterswörden, Gemeinde,* 21f.

[21] Sonst nur noch Ex 4,11 belegt.

[22] Vgl. *Rüterswörden, Gemeinde,* 22.

chen *ṣædæq* kommt aber 25,15 am Ende der Einzelgesetze am nächsten. Hier wird „volles und richtiges *(ṣædæq)* Gewicht..., volles und richtiges *(ṣædæq)* Hohlmaß" eingeschärft. Sie bilden die Voraussetzung für langes Leben im Land, das Jahwe gibt.[23] Das ist auch das Anliegen von 16,20b. Die Formulierung dieses Finalsatzes entspricht – verkürzt, aber genau – nur 4,1b, klammert also an den Beginn der deuteronomischen Paränese zurück. Mit diesen Verbindungslinien zwischen 16,20 und 25,15 beziehungsweise 4,1 ist natürlich noch nichts über das zeitliche Hintereinander dieser Texte entschieden. So könnte zum Beispiel der Verfassungsentwurf mit der Kultgesetzgebung verbunden und 16,20 (oder V. 20b) erst bei einer späteren Redigierung eingefügt worden sein. Dafür spricht vielleicht seine „nomistische" Theologie, die die Inbesitznahme des Landes von der vorausgehenden Gesetzesbeobachtung abhängig macht.[24]

Die nur 16,21 belegte Wendung *nṭ*ᶜ *ʾ*ᵃ*šerâ* „einen Kultpfahl einpflanzen" dürfte zunächst durch die Redeweise des deuteronomistischen Geschichtswerks verursacht sein. Die normale Formulierung lautet dort *ᶜśh ʾ*ᵃ*šerâ* „einen Kultpfahl machen".[25]

Nun war aber – wie sofort zu zeigen ist – *ᶜśh* für das Herstellen des Jahwealtars reserviert. So wählte Dtn 16,21 *nṭ*ᶜ *ʾ*ᵃ*šerâ* und verdeutlichte dadurch mit einem polemischen Unterton den Holzcharakter des Kultpfahls. Die Alliteration zwischen *loʾ taṭṭæh* „nicht beugen" (16,19) und *loʾ tiṭṭa*ᶜ „nicht einpflanzen" (16,21) verstärkt außerdem stilistisch die syntaktische Entsprechung der beiden dreigliedrigen Prohibitivketten der V. 19 und 21–22.

Mit einem einzelnen Altar bezeichnet das Dtn – wie der übliche Ausdruck *mizbaḥ YHWH*[26] beweist – immer den allein legitimen Jahwealtar im Zentralheiligtum von Jerusalem. Der Plural steht naturgemäß für die ka-

[23] Der Finalsatz *l*ᵉ*ma*ᶜ*an ya*ʾᵃ*rîkû(n) yāmǣkā* „damit du lange lebst" hat im Dtn – abgesehen von 5,16 – nur mehr in 6,2 am Anfang der Gesetzespromulgation des Mose eine Parallele. Er bildet also eine gewisse Klammer um die Gesetzesverkündigung.

[24] S. dazu *Lohfink*, „Kerygmata," 98. Doch kann man auch übersetzen: „... damit du Leben hast und dich des Besitzes des Landes erfreuen kannst..." – *Lohfink*, a.a.O. Anm. 40.

[25] 1 Kön 14,15; 16,33; 17,16; 2 Kön 21,3; vgl. 1 Kön 15,13. Die Kombination mit anderen Kultobjekten verändert das Verb: *bnh* „bauen" 1 Kön 14,23, *nṣb* hi. „hinstellen" 2 Kön 17,10; vgl. *śym* „anfertigen" 2 Kön 21,7, s. dazu aber 21,3.

[26] 12,27a.b; 16,21; 26,4; 27,6; 33,10. In 27,5a begegnet *mizbe*ᵃ*ḥ lYHWH, mizbaḥ* in 27,5b ist darauf zurückbezogen, 27,6 bringt dann die gewohnte Verbindung *mizbaḥ YHWH.*

naanäischen Altäre.[27] Weil im Dtn nur 16,21 *(ʿśh)*; 27,5–6 *(bnh)* und außerdem unterschiedlich von der Anfertigung eines Altars für Jahwe reden, muß der eventuell vorgegebene Sprachgebrauch aus dem deuteronomistischen Geschichtswerk erhoben werden. Dort wird ein Altar Jahwes / für Jahwe gewöhnlich „gebaut" *(bnh)*[28]. Einen unorthodoxen Altar „macht" man *(ʿśh)*,[29] doch wird ein solcher Altar dann niemals Jahwe zugeeignet. 16,21 geht mit dieser Sprachregelung nicht konform.[30] Die Wendung *ʿśh mizbaḥ YHWH* muß deshalb als Anspielung auf Ex 20,24a.(25a), also das Altargesetz des Bundesbuches, erklärt werden.[31] Allerdings hebt sich Dtn 16,21 dann auch wieder nuanciert davon ab. Befiehlt Jahwe Ex 20,24 *mizbaḥ ʾᵃdāmâ taʿᵃśæh lî* „du sollst mir einen Altar aus Erde machen", so schweigt Dtn 16,21 natürlich nicht nur vom Material, sondern läßt Israel „sich" einen Jahwealtar machen. Darf man darin eine unterschwellige Polemik angedeutet finden?[32] Dann wäre dabei wohl an die Altäre des Manasse zu denken, die er im Jerusalemer Tempel „baute" (2 Kön

[27] 7,5; 12,3.

[28] Dtn 27,5–6 Isreaeliten am Garizim; Ri 6,24.26.28 Gideon in Ofra; Ri 21,4 (zum Jahwebezug s. V. 3) Israeliten in Bet-El; 1 Sam 7,17 Samuel in Rama; 1 Sam 14,35 Saul im Gebiet zwischen Michmas und Ajalon; 2 Sam 24,21.25 David auf der Tenne des Jebusiters Arauna in Jerusalem; 1 Kön 9,25 (erst hier!) Salomo im Tempel von Jerusalem. Danach kann entsprechend der Kultzentralisation kein rechtmäßiger Jahwealtar mehr „gebaut" werden. So „stellte" Elija in 1 Kön 18,30 den zerstörten Altar Jahwes nur „wieder her" (*rpʾ* pi.) und „fügte" *(bnh)* V. 32 „die Steine zu einem Altar für den Namen YHWHs". Wenn der Priester Urija in 2 Kön 16,11 im Auftrag des Ahas einen neuen großen Altar – allerdings ohne ausdrücklichen Bezug zu „YHWH" – nach dem Vorbild von Damaskus „baut" *(bnh)* und schließlich Manasse in 2 Kön 21,4 sogar „im Hause YHWHs Altäre baut *(bnh mizbᵉḥot)*", verdeutlicht die bisher Jahwealtären reservierte Redeweise, welcher Frevel hier geschieht.

[29] 1 Kön 12,33 Jerobeam in Bet-El; 1 Kön 18,26 die Baalspriester auf dem Karmel; 2 Kön 23,12 beseitigt Joschija die Dachaltäre der Könige von Juda und vor allem die Altäre des Manasse in den Tempelvorhöfen, 2 Kön 23,15 auch den von Jerobeam gemachten Altar. Nur den „goldenen Altar" für das Räucherwerk läßt Salomo in 1 Kön 7,48 „machen", aber zusammen mit anderen Tempelgeräten; vgl. Ex 39,38; 40,5.26.

[30] Dagegen spielt Jos 22,10–34 mit der deuteronomistischen Terminologie, spricht vom „Bauen" eines Altars am Jordan, verbindet in V. 26 *ʿśh* mit *bnh* und charakterisiert das Unternehmen schließlich in V. 28 als *ʿśh tabnît mizbaḥ YHWH* „ein Abbild des Altares YHWHs machen".

[31] Vgl. *Rüterswörden, Gemeinde,* 120 Anm. 104.

[32] Vgl. Jos 22,16.19.23; ferner Dtn 16,22, wo verboten wird, „sich" eine Mazzebe aufzustellen.

21,4–5) beziehungsweise „machte“ (2 Kön 23,12).[33] Auch der von ihm „gemachte“ Kultpfahl (2 Kön 21,3), den Joschija später beseitigte (2 Kön 23,6), war ja dort aufgestellt. Im Kontext der Ämtergesetze würde also Dtn 16,21 am Hintergrund mitmalen, von dem sich die Neuordnung des Königtums abhebt.

Ein „Steinmal zu errichten“ verbietet wahrscheinlich zunächst nur 16,22, erst später und davon abhängig auch Lev 26,1.[34] Die Wendung *qwm* hi. *maṣṣebâ* dürfte aber an die auf das deuteronomistische Geschichtswerk beschränkte Terminologie für das Aufstellen von Gedenksteinen *qwm* hi. *'æbæn* (oder ähnlich) anknüpfen.[35] Sie unterstriche dann den Steincharakter der Mazzebe analog zu 16,21, wo auf eine im AT ebenfalls einmalige Weise das Holzmaterial der Aschera betont wird. Im übrigen gehört das Steinmal, das Jahwe haßt, mit Altar und Kultpfahl zum normalen Inventar einer kanaanäischen Kultstätte beziehungsweise eines synkretistischen Jahweheiligtums und wird deshalb in Ergänzung dazu untersagt.

2. *Der Verfassungsentwurf*

(1) 16,18–18,22, der Verfassungsentwurf des Dtn, behandelt im Bereich der Ämter in Israel alles, was dafür in Frage kommt,[36] und ist gesetzessystematisch eine Einheit. Sie wird durch „Landgabesätze“ strukturiert: *š^{ĕc}ārǣkā / hā'āræṣ 'ᵃšær YHWH 'ᵆlohǣkā noten lāk* „(in) deinen Stadtbereichen/dem Land, das (die) YHWH, dein Gott, dir gibt“ 16,18.20; 17,2.14; 18,9. Diese Landgabesätze leiten die einzelnen Ämter ein: 16,18 das Amt der Richter und Listenführer (16,18–17,13*), 17,14 das Königtum (17,14–20), 18,9 das Amt des Propheten (18,9–22). Nur in 18,1 am Anfang des Priestergesetzes fehlt ein Hinweis auf die „Gabe“ des Landes. Das ist sachbedingt: Denn „Landanteil und Erbbesitz“ werden den levitischen Priestern ausdrücklich untersagt.[37] Nur in 16,20 und 17,2 stehen

---

[33] Dagegen werden die Baalsaltäre auf den Höhen „errichtet“ (*qwm* hi.): 2 Kön 21,3, vgl. 1 Kön 16,32.

[34] *Cholewiński, Heiligkeitsgesetz,* 267–269.

[35] Dtn 27,2.4; Jos 4,9.20; 7,26; 8,29; 24,26.

[36] *Lohfink,* „Sicherung,“ 148.

[37] *ntn* funktioniert auch über die Landgabesätze hinaus im Verfassungsentwurf als Leitwort: Israel „gibt sich“ 16,18 Richter und Listenführer, es darf 17,15 keinen Fremden als König „über sich geben“. Der Anspruch der Priester gegenüber den Opfernden beziehungsweise dem ganzen Volk ist in 18,3b–4 mit der Forderung „dem Priester geben“ gerahmt. Was schließlich die Mantiker angeht, so hat es Jahwe nach 18,14 „Israel anders gegeben“: er „gibt“ 18,18 einem Propheten wie Mose seine Worte.

Landgabesätze auch innerhalb der Gesetze eines Amtsbereiches, nämlich jenes der Richter. Das mag daher kommen, daß er teilweise zur redaktionellen Überleitung von der Kult- zur Ämtergesetzgebung gehört und außerdem mehrere Gesetze umfaßt. So schließt 16,20 das Gesetz über die Richter (und Listenführer) gegenüber den folgenden Kultbestimmungen (16,21 – 17,1) ab. 17,2 aber greift nach dieser Digression auf 16,18 zurück und signalisiert damit die Fortsetzung der Gesetze über das Gerichtswesen.

(2) Die einzelnen Ämter werden durch ihre Landgabesätze auch lokalisiert. Jahwe gibt Israel jeweils den „Ort", der einem Amt als sein Wirkungsraum bestimmt ist: die einzelnen „Städte" für die Richter und Listenführer (16,18, vgl. 17,2) – in einer auch „die Stätte" (17,8.10; 18,6) für die levitischen Priester –, ferner das „Land" für den König (17,14, vgl. 16,20) und den Propheten (18,9). Wenn die Leviten nicht wie das übrige Israel *ḥelæq w^enaḥ^alâ* „Landanteil und Erbbesitz" haben dürfen (18,1), dann deshalb, weil Jahwe ihr „Erbbesitz" *(naḥ^alâ)* ist (18,2) und jeder aus diesem Stamm, der in Jerusalem als Priester Dienst tut, die gleiche „Zuteilung" *(ḥelæq)* erhalten soll (18,8).
Das Land wird nicht nur von Jahwe gegeben. Israel „zieht" auch „hinein", „nimmt es in Besitz" und „wohnt" darin (17,14; 18,9; ferner 16,18 und, bezüglich der Völker des Landes und ihres Besitzes, 18,14). Dieser Kontext der Landgabesätze muß mit berücksichtigt werden. Nicht immer werden alle Elemente – Einzug, Inbesitznahme und Wohnen Israels – erwähnt, und auch ihre syntaktische Formulierung variiert. Ferner: Israel siedelt im Land in „Städten" und nach „Stämmen" (16,18), die einzelnen Stämme bekommen im Land ihren „Anteil und Erbbesitz" zugeteilt (18,1). So bildet die „Landgabe" zwar auf seiten Gottes einen einzigen Akt, ist aber auf seiten Israels der Prozeß einer schrittweisen Übernahme und Inkulturation. Die Ämter sind, weil sie verschiedene Verhältnisse – zum Beispiel Städte für die Richter, Jerusalem für die levitischen Priester – voraussetzen und bestimmte Bedürfnisse – vor allem nach einem König und Propheten – abdecken, an verschiedene Phasen der „Landnahme" gebunden. Diese werden in den Einleitungen der Gesetze berücksichtigt. Mehr noch: die einzelnen Ämter werden ihrer „historischen" Entstehung nach vorgestellt. Dabei wird aber mit der Periode begonnen, die dem tatsächlich angesprochenen Israel am nächsten liegt, und von ihr aus wird dann kontinuierlich in die Vergangenheit zurückgeschritten. So setzt das Richteramt bereits ein nach Stämmen geordnetes Leben in Städten voraus; die Okkupation des Landes liegt weit zurück und wird deshalb nicht

mehr erwähnt (16,18). Einen König darf das Volk einsetzen, wenn es „in das Land hineingezogen ist, es in Besitz genommen hat und darin wohnt" (17,14). Mit dem Priestertum steht Israel gewissermaßen noch vor der Verteilung des Erblandes: Der Stamm Levi soll davon keinen Anteil bekommen (18,1). Einen Propheten als Nachfolger des Mose wird Israel erhalten, wenn es „in das Land hineinzieht" (18,9), Jahwe „die Völker vernichtet" (18,12) und Israel „ihren Besitz übernimmt" (18,14).[38]

Die geschichtlich orientierte Abfolge der Ämter wird durch eine Assoziationskette[39] verstärkt. Dabei setzt ebenfalls jedes Amt das ihm folgende als bereits institutionalisiert voraus. Während die Ortsgerichte erst etabliert werden müssen (16,18–20; 17,2–7), erscheint der Zentralgerichtshof (17,8–13) als vorgegeben. Er kann komplizierte Rechtsfälle kompetent behandeln, weil an ihm „die levitischen Priester" (17,9) beziehungsweise „der Priester, der dort steht, um vor YHWH, deinem Gott, Dienst zu tun", und „der Richter" amtieren. Dieser Richter wird immer im Singular und nach den Priestern beziehungsweise dem Priester genannt (17,9.12). An ihn knüpft das nächste Gesetz an. Denn früher war der König oberster Richter, und von einem nicht mehr greifbaren Zeitpunkt an setzte er in den Garnisonstädten auch seine Richter ein. Diese Funktion ist ihm jetzt genommen. Ähnliches gilt auch für die oberste Heeresleitung, die er einmal innehatte (vgl. zu beiden Aufgaben 1 Sam 8,20). Nach dem deuteronomischen Kriegsgesetz (20,1–9) stellen jetzt die Listenführer, die 16,18 neben den Richtern erwähnt, die Truppeneinheiten

[38] Syntaktisch ist 16,18 ein Injunktiv, 17,14 eine historisierende Gebotseinleitung mit Injunktiv in der Apodosis (17,15), 18,1 ein Prohibitiv, 18,9 eine historisierende Gebotseinleitung mit Prohibitiv in der Apodosis. Die Ämtergesetze enthalten noch weitere solcher paarweiser Entsprechungen, die mit dem linearen Aufbauschema zu einem exakt konzipierten Entwurf verwoben sind.

[39] Vgl. *Lohfink*, „Sicherung," 144–147, von dem ich aber in ein paar konkreten Einzelheiten abweiche. Nach *Rüterswörden, Gemeinde,* 92, erkläre *Lohfinks* These nur die Themenfolge „Gerichtswesen" – „Ämterwesen", nicht jedoch die Abfolge der Ämter König – Priester – Prophet. Das einzige Argument, mit dem *Rüterswörden, Gemeinde,* 146 Anm. 9, dann seine Behauptung stützt – der König habe im Dtn keinen Anteil an der Rechtsprechung – zitiert *Lohfink* falsch. Nach *Lohfink*, „Sicherung," 145, schließt das Königtum assoziativ an das Gerichtswesen an, weil der König „früher selbst der höchste Richter gewesen war", es aber – a.a.O. 150 – „entgegen den alten Sitten" nach dem Verfassungsentwurf nicht mehr ist. *Lohfink* macht durchaus plausibel, wie die Assoziationen damals vom König zum Priester und dann weiter zum Propheten laufen konnten. Trotzdem müssen nicht sie allein die Abfolge bestimmt haben. Es können durchaus verschiedene Schemata und Gesichtspunkte in der gleichen Ämterreihung konvergieren.

zusammen und setzen deren Offiziere ein. So muß an dieser Stelle über das Amt des Königs informiert werden, wenn Israel trotz Richter und Listenführer einen König wünschen sollte (17,14–20). Das Königsgesetz verpflichtet ihn zur täglichen Lesung der Tora (17,18–19). Weil er sie in Abschrift aus den Händen der levitischen Priester empfängt (17,18), schließt das Gesetz über die levitischen Priester daran passend an (18,1–8). Nach dem Verfassungsentwurf ist der priesterliche Dienst am Zentralheiligtum ganz auf die Tora konzentriert (17,9–12). Opfer darzubringen ist nämlich Sache der Laien (18,3). Früher haben die Leviten auch die Orakelinstrumente Tummim und Urim verwaltet (33,8). Solche Gottesbefragung ist den levitischen Priestern nun entzogen. Alle bekannten nichtisraelitischen mantischen Praktiken werden sogar ausdrücklich verboten. Den je aktuellen Gotteswillen und das Wissen um Zukünftiges soll nur mehr das prophetische Amt vermitteln. Deshalb wird es jetzt vorgestellt (18,9–22).
Mit dem Ordnungsprinzip, die Ämter ihrer Entstehungszeit entsprechend zu reihen, lehnt sich der Verfassungsentwurf vielleicht an die Dispositionsweise des vorausgehenden Gesetzesteiles an. In 14,22–16,17 werden nämlich die Gesetze durch verschiedene Zeitangaben miteinander verknüpft: Ein regelmäßiger Zyklus von Jahren setzt beim Zentralheiligtum ein und mündet in die Wallfahrtsfeste jedes Jahres, zu denen sich Israel dort versammelt. Die anschließenden Ämtergesetze verlängern dann diesen Zeitaspekt zurück in die Geschichte.

(3) Historische Fakten im umgekehrten Ablauf der Ereignisse zu präsentieren, ist im Dtn nicht ungewöhnlich. Das gilt sogar für die schon kanonische Vorgeschichte. So berichtet Dtn 1–3 über die Wanderung vom Gottesberg ins Ostjordanland und seine Okkupation, aber erst Dtn 5 und 9–10 erzählen über die vorausgegangenen Horebereignisse. 4,33–34 erinnert zunächst an die Horebtheophanie und erst dann an den Exodus aus Ägypten. Für eine solch rückwärts gewandte Reihenfolge gibt es allerdings immer einen besonderen Grund. Der Verfassungsentwurf will offenbar an den Anfang zurücklenken, dorthin, wo die Ämter ihre letzte Unmittelbarkeit zu Gott und Mensch haben. Denn sie unterscheiden sich wesentlich von ihrem Ursprung her, und zwar nicht nur historisch, sondern auch theologisch und soziologisch. Die Amtsträger werden deshalb auch nach der Art ihrer Designation geordnet. Dabei tritt die menschliche Mitwirkung bei der Einsetzung immer mehr zugunsten der alleinigen Verfügungsgewalt Jahwes zurück.[40] Das Achtergewicht liegt dadurch auf

[40] Das hat *Rüterswörden, Gemeinde,* 92f, entdeckt.

dem Prophetentum. Richter und Listenführer soll sich Israel – wohl durch die Sippenhäupter – selbst geben (16,18). Der Zentralgerichtshof ist paritätisch besetzt. Die Bestellung seines Priesters und seines Richters braucht nicht behandelt zu werden, weil sie ja in den entsprechenden Ämtergesetzen geregelt ist.[41] Ein König wird von Jahwe erwählt und dann vom Volk eingesetzt (17,15). Das Priestertum ist automatisch beim Stamm Levi, den Jahwe zu seinem Dienst erwählt hat (18,1.5). Über die Ausübung priesterlicher Funktionen, die eine Übersiedlung nach Jerusalem erfordern, entscheidet aber der einzelne Levit selber (18,6–8).[42] Den Propheten läßt Jahwe allein erstehen. Er erfüllt damit zwar den Wunsch Israels (18,16–17). Aber für den Propheten gibt es keine menschliche Amtseinführung wie beim König, und der Betroffene kann auch nicht mehr wie der einzelne Levit selbst entscheiden, ob er dieses Amt übernehmen möchte.[43]

Nicht nur die Einsetzung der Amtsträger, auch ihre Funktionen sind in zunehmendem Maß auf Jahwe ausgerichtet. Bei den Ortsrichtern wird dieser Bezug indirekt und negativ formuliert: Sie werden durch die Kultgesetze (16,21 – 17,1) und den Apostasieprozeß (17,2–7) für die Reinheit des Glaubens verantwortlich gemacht. Vom Priester am Zentralgerichtshof heißt es 17,12 schon, daß er „dort steht, um vor YHWH, deinem Gott, Dienst zu tun“. Erst das Priestergesetz wird (18,5 und 7), wenn es die gleiche Aufgabe beschreibt, den Gottesbezug weiter steigern. Denn zwischen den Richtern und den Priestern steht – fakultativ – der König. Er soll lernen, „YHWH, seinen Gott, zu fürchten“ (17,19). Danach kann

---

[41] Das Handeln Gottes betrifft hier noch nicht den Träger des Amtes, sondern erst den Ort, an den es gebunden ist, nämlich *hammāqôm ʾašær yibḥar YHWH ʾælohǣkā bô* „die Stätte, die YHWH, dein Gott, auswählt“ (17,8). Aber genau die gleiche Formulierung wird 17,15 für die Erwählung des Königs und 18,5 für die Erwählung des Stammes Levi verwendet, bereitet sie also vor. Dagegen sind die beiden weiteren Belege der auf die Stätte bezogenen Erwählungsformeln in 17,10 und 18,6 von 17,8, aber auch der Königs- und Levierwählung stilistisch abgehoben: ihnen fehlt jeweils *ʾælohǣkā bô*. Auf den deuteronomischen Propheten kann das Theologumenon der Erwählung nicht angewendet werden, weil ihm, den Jahwe je neu erweckt, die charakteristische Dauer der Erwählung, wie sie bei einem Ort, einer Dynastie und einem Stamm gegeben ist, fehlt. Jedenfalls verstärkt der – sachlich notwendige – Hinweis auf die Erwählung in 17,8 und 10 den Steigerungseffekt.

[42] Dieses menschliche Element fehlt bei *Rüterswörden, Gemeinde,* 92.

[43] Auch diese Aspekte sind noch zu *Rüterswörden, Gemeinde,* 92f, zu ergänzen.

die Würde des priesterlichen Dienstes voll beschrieben werden: Zunächst als „im Namen YHWHs dastehn und Dienst tun" und dann – noch um ein „vor YHWH" gesteigert – „im Namen YHWHs, seines Gottes, Dienst tun wie alle levitischen Brüder, die dort vor YHWH stehen" (18,7). So wird also dreimal über den „Jahwedienst" der levitischen Priester gesprochen, zweimal heißt es, daß sie ihn „im Namen YHWHs" ausüben. Vom Propheten aber heißt es dreimal, daß er „im Namen YHWHs spricht" (18,19.20.22), wobei Jahwe das zweimal sogar selbst feststellt (18,19.20).

Die einzelnen Ämter werden also immer stärker auf Gott hin konzentriert. Zugleich sind sie auch immer persönlicher und immer tiefer in der Mitte von ganz Israel verwurzelt. Richter und Listenführer werden nicht näher qualifiziert (16,18). Als König kommt nur ein Bruder *miqqæræb 'aḥækā* „aus der Mitte deiner Brüder" in Frage (17,15). Der Priester muß darüber hinaus zum Stamm Levi gehören (18,5). Der Prophet schließlich kommt weder aus einer bestimmten Stadt noch aus einer Gruppe oder aus einem bestimmten Stamm. Ihn läßt Jahwe aus der Mitte der ganzen geschwisterlichen Gesellschaft Israels *miqqirbᵉkā me'aḥækā* „aus deiner Mitte, unter deinen Brüdern" (18,15) erstehen.

Schließlich wird auch der Kontrast zur dunklen Vorgeschichte der einzelnen Ämter und zur Praxis der Völker immer deutlicher. Der Verfassungsentwurf bildet ja insgesamt das Ergebnis einer kritischen Auseinandersetzung mit den Verhältnissen der Königszeit von Salomo (17,16–17) bis Manasse (18,9–11). So konfrontiert der Richterspiegel mit den uralten Möglichkeiten juristischer Ungerechtigkeit (16,19), die anschließenden Kultbestimmungen mit dem, was Jahwe bei Israels Gottesverehrung haßt (16,22) beziehungsweise was ihm ein Greuel ist (17,1). Letztlich sind es alles heidnische Bräuche. Wenn das Volk „einen König wie alle Völker in der Nachbarschaft" wünscht (17,14), dann beschränkt eine Art Königsspiegel seinen Verkehr mit den fremden Völkern (17,16–17). Dabei führen die bitteren Erfahrungen, die man vor allem mit der Herrschaft Salomos gemacht hat (vgl. 1 Kön 10,14–11,8), die Feder. Die levitischen Priester werden konsequent unter die Devise „YHWH ist ihr Erbbesitz" (18,2) gestellt. Wenn die Rechte, die sich daraus ergeben, für jeden Leviten, der ans einzige legitime Jahweheiligtum übersiedelt, ausdrücklich geltend gemacht werden (18,6–8), dann läßt sich im Hintergrund die Aufhebung der Höhenkulte und vielleicht auch die Integration der dort tätigen Priester vermuten (vgl. 2 Kön 23,8–9). Hat das Königsgesetz noch gestattet, was Israel „wie alle Völker" haben darf, so spricht die Einleitung ins Prophetengesetz zunächst offen aus, welche „Greuel dieser Völker"

(18,9, vgl. V. 12) es nicht praktizieren darf (18,9–12).[44] Als dunkle Folie dient dabei die sich verschlimmernde Sündengeschichte von Juda und Israel bis Manasse (vgl. 1 Kön 14,24; 2 Kön 16,3; 17,17; 21,6). Bisher erschien die Vergangenheit Israels und seiner Ämter nur in Anspielungen. Erst die Einsetzung des Propheten wird ausdrücklich mit einem Geschichtsrückblick begründet. Ebenso werden jetzt auch die Schwierigkeiten Israels beim Umgang mit diesem Amt geregelt (18,20–22).[45]

(4) Die Redaktion hat in 16,18–18,22 nicht nur Gesetze des gleichen Sachbereiches vereinigt, sondern alle nach dem Dtn in Israel möglichen Ämter zu einem exakt konzipierten Verfassungsentwurf gestaltet. Die Dispositionstechniken, die sie dabei zur Systematisierung verwendet, sind aus anderer altorientalischer Rechtskodifikation bekannt:[46] Die Gesetze werden chronologisch gereiht, und zwar nach der Einsetzung der einzelnen Ämter im Verlauf der Geschichte Israels. Sie wird in die Vergangenheit zurückverfolgt. Dafür maßgeblich ist die theologische Bedeutung der Amtsträger und ihre gesellschaftliche Stellung in einem geschwisterlichen Israel. Der Entwurf gipfelt in der Institutionalisierung des prophetischen Charismas. Zwischen den einzelnen Gesetzen bestehen zahlreiche Stichwortverknüpfungen und Assoziationsbrücken. Thematisch Gleichartiges wird innerhalb eines Amtsbereiches zusammengestellt. So werden schon im Rahmen des Gerichtswesens (16,18–17,13) das Prozeßverfahren (bei Apostasie; 17,2–7) und die Rechtsauskunft am Zentralgerichtshof (17,8–13) geregelt. Mittels Attraktion können sogar Kultbestimmungen (16,21–22; 17,1) eingefügt werden, denn auf ihre Exekution haben vor allem die Richter zu achten. Ferner verbietet die Einleitung zum Prophetenamt (18,9–14) nichtisraelitische kultische und mantische Praktiken. Trotz der Haupttendenz, die Ämter als einander überbietend darzustellen, sind sie in Einzelheiten auch nach dem Schema „Fall und Gegenfall" stilisiert: So darf Israel zum Beispiel einen König „wie alle Völker in seiner Nachbarschaft" einsetzen (17,14), durch den Propheten aber soll vermieden werden, daß es sich „die Greuel dieser Völker" angewöhnt (18,9 und 14).

(5) Die Zuordnung dieses Gesetzesblocks zum 4. Dekalogsgebot (5,16) erscheint nicht zuletzt aufgrund der modernen Exegese des Gebotes der

---

[44] Zur Ferndeixis von *haggôyim hāhem* auf die *gôyim* in 17,14 s. *Rüterswörden, Gemeinde,* 82.

[45] Sie sind vom Ungehorsam des Volkes zu unterscheiden. Darüber wird bei allen mit dem Wort betrauten Ämtern gesprochen: 17,3–5.12; 18,19.20.

[46] *Petschow,* „Codex Hammurabi," 170f.

Elternehrung[47] als problematisch. Trotzdem hat bereits Philo von Alexandrien (De Decalogo XXXI, 165) gemeint, das Gebot „von der Ehrfurcht gegen Eltern deute(t) zugleich auf viele wichtige Gesetze hin, wie die... über Herrschende und Untergebene“[48]. Wenn die deuteronomischen Juristen in den Eltern den Inbegriff der Autoritätsträger in der Gesellschaft sehen, erreichen sie damit eine vergleichbare Abstraktionsstufe wie zum Beispiel moderne Soziologen, die von „patriarchalischer Gesellschaft“ sprechen. So dürfte auch eine redaktionelle Reinterpretation der Ämtergesetze 16,18–18,22 von der Dekalogsstruktur des gesamten Gesetzeskodex her möglich gewesen sein.[49]

[47] S. dazu *Albertz*, „Hintergrund“.

[48] Zitiert nach *Philo von Alexandrien, Werke*, 406.

[49] *Schultz, Deuteronomium*, 19–21, sieht in 16,18–18,22 Erweiterungen des Elterngebotes; *Guilding*, „Notes,“ 52, zitiert Philo. *Kaufman*, „Structure,“ 133, konstatiert bezüglich der Ämtergesetze ohne weitere Ausführungen: „These rules proclaim the authority figures just as the Fifth Commandment proclaims the authority of the parents within the family“.

VI. Dtn 19,1–21,23 – Fünftes Gebot: Leben bewahren

Im folgenden bespreche ich zunächst die Struktursignale, die den Einsatz des neuen Gesetzesblocks Dtn 19–25 anzeigen. Bei der Analyse der Gesetzessystematik von Dtn 19–21 wähle ich je ein Kapitel als Untersuchungseinheit. Denn die Kapitelgrenzen sind hier sachgerecht gesetzt. Sie gliedern den Text nach zusammengehörenden Gesetzesgruppen.

Mit Dtn 19 beginnt der dritte und letzte Gesetzesblock des deuteronomischen Kodex (19,1–25,19). Mit 19,1 vergleichbare historisierende Gesetzeseinleitungen werden im Kodex sonst noch in 12,29 gebraucht, ferner in 17,14; 18,9, und schließlich in 25,19; 26,1[1]. Ihre unterschiedliche Formulierung ist vor allem sach- beziehungsweise kontextbedingt. 19,1 stimmt am meisten mit 12,29 überein. Nur diese beiden Stellen sprechen nämlich davon, daß Jahwe die Völker niederstrecken und Israel ihren Besitz übernehmen wird. 19,1 klammert also – wie ähnlich zuvor schon 16,18–17,1 – auf den Anfang (12,29) des ersten Gesetzesblocks (12,2–16,17) zurück.[2] Durch die Gemeinsamkeiten mit 17,14 und 18,9 (ergänzt durch V. 14, wo *yrš* q. „in Besitz nehmen" ebenfalls auf die Bewohner des Landes bezogen ist) setzt 19,1 gewissermaßen das Strukturprinzip des Verfassungsentwurfes fort: Wie die Ämter ist auch die Einrichtung von Asylstädten an bestimmte geschichtliche Voraussetzungen gebunden. Mehr noch: 19,1–2 schließt speziell an 16,18–20 an. Das geschieht durch zwei Landgabesätze, die das Gebot zur Aussonderung von drei Städten wie die Anweisungen für die „Stadt"-Richter gewissermaßen „rahmen"

---

[1] S. dazu *Lohfink, „jāraš,"* 974–976. 25,19 gehört bereits zur Rahmung des Gesetzeskorpus und verstärkt die parallel gebaute, unmittelbar anschließende Gesetzeseinleitung in 26,1.

[2] Vielleicht ist dieser Rückgriff sogar noch genauer auf die Anspielungstechnik der redaktionellen Überleitung 16,18–17,1 abgestimmt. Die Gerichtsgesetze beginnen ohne historisierende Einleitung und knüpfen in 16,21–22 vor allem(!) an das ebenfalls ohne solche Einleitung gestaltete Gebot über die Zerstörung kanaanäischer Kultstätten in 12,2–3 an. 19,1 ist mit einer historisierenden Gesetzeseinleitung versehen und nimmt 12,29 auf, die historisierende Einleitung zum Verbot in 12,30–31, die kultischen Sitten der Landesbewohner weiterzuführen. Damit würden Formulierungen von 12,2–3 und 12,29–31, den beiden Rahmengesetzen der Opfervorschriften 12,4–28, der Reihe nach zu Beginn des zweiten beziehungsweise des dritten Gesetzesblockes aufgegriffen.

(16,18a.20b* und 19,1a*.2b).[3] 19,1–2 greift also auch auf den Beginn des zweiten Gesetzesblocks (16,18–18,22) zurück.[4] Die in 19,1 tragende Verbfolge *(YHWH) ntn (ʾæræṣ)* – (Israel) *yrš* und *yšb* findet sich erst in 26,1 wieder und leitet dort den liturgischen Anhang zum deuteronomischen Gesetz (26,1–15) ein.

1. Dtn 19

(1) Die Ämtergesetze haben in 16,18 bei den „Richtern und Beamten in allen Stadtbereichen" *(šᵉᶜārîm)* Israels, also den innerstädtischen Verwaltungseinheiten (16,18; 17,2.8; 18,6),[5] angesetzt. Nachdem im Anschluß daran auch die übrigen Ämter geregelt worden sind, handelt Kapitel 19 erneut von der Gerichtsbarkeit. Es spricht aber nicht mehr von *šᵉᶜārîm*, sondern beginnt in 19,1 programmatisch bei den „Städten" *(ᶜārîm)* der Völker und ihren „Häusern", in denen Israel wohnen wird. Beide Ausdrücke fehlen im Verfassungsentwurf, während sie für 19–21[6] charakteristisch sind. Verschiedene Gesetze übergreifen nämlich jetzt den Rechtsbereich einer einzigen Stadt. Dementsprechend treten in 19,1–10 und 19,11–13, den zwei Gesetzen über die Asylstädte, nicht mehr die Richter als Rechtsorgane auf, sondern der Bluträcher (19,6) beziehungsweise die Ältesten der Stadt (19,12), die er repräsentiert. Die beiden auf den Grenzverrückungsparagraphen (19,14) folgenden Gesetze orientieren sich weiter an Inhalt und Reihung oder Bestimmungen des Verfassungsentwurfes über die Rechtsprechung: 19,15 verallgemeinert die Zeugenregel von

---

[3] Im übrigen dient *ʾæræṣ / ʾᵃdāmâ ʾᵃšær YHWH ʾᵉlohǣkā noten lᵉkā (naḥᵃlâ)* „das Land, das YHWH, dein Gott, dir (als Erbbesitz) gibt" im ganzen dritten Gesetzesblock als Struktursignal. Er steht außer in 19,1.2 noch in 19,10.14; 21,1.23; 24,4; 25,15.19; 26,1.2. In 19,8 ist der Landgabesatz unterschiedlich formuliert, in 20,16 gibt Jahwe *ᶜārê hāᶜammîm* „die Städte der Völker". Beide Sätze haben aber keine Gliederungsfunktion.

[4] Wie Mose zu Beginn seiner ersten Rede noch vor dem Aufbruch vom Horeb in 1,9–18 (Listen-)Führer und Richter einsetzt und unmittelbar vor seiner zweiten Rede über die Horeboffenbarung in 4,41–43 Asylstädte aussondert, so institutionalisiert das dtn Gesetz am Beginn des zweiten Gesetzesblockes das Amt der Richter und Listenführer (16,18–20) und am Beginn des dritten Gesetzesblockes Asylstädte (19,1–10).

[5] In 17,5 bezeichnet *šᵉᶜārîm* die „Stadttore" als Ort des Gerichts.

[6] Zu *ᶜîr* s. 19,1–10.11–13; 20,10–18.19–20; 21,1–9.18–21; zu *bayit* s. 20,1–9; 21,10–14, ferner 22,1–3.8 im Übergangstext zu den Gesetzesgruppen des nächsten Dekalogsgebotes.

17,6, und 19,16–21 beansprucht in V. 17–18 das Zentralgericht von 17,8–13 für einen durch falsches Zeugnis komplizierten Prozeß.[7]

(2) Kapitel 19 lehnt sich zwar in Thematik und Aufbau seiner Gesetze an 16,18–17,13 an. Trotzdem gilt sein Interesse nicht mehr der Institution des Gerichtes, sondern dessen Umgang mit Fällen, die zum Tod führen (19,1–10.14) oder mit dem Tod bestraft werden können (19,11–13.15.16–21). So stehen die Gesetze in der Spannung zwischen dem Ziel, „daß (ein Mensch) am Leben bleibt" (19,4.5 *ḥyh*), und dem Mittel „Leben für Leben" (19,21 *næpæš bᵉnæpæš*).[8] Ihre Intention, unschuldiges Leben zu bewahren, zeigt sich in 19,1–10 bei der Planung der Asylstädte, durch die ein Totschläger effektiv geschützt und so Blutschuld vom Land abgewendet werden soll. Dabei rückt das Dtn im Gegensatz zum älteren Recht (Ex 21,12) auch die Exekution des Mörders in den Hintergrund; sie wird erst als letztes Erfordernis eingeschärft (19,11–13). Außerdem entscheiden nun ausdrücklich die Ältesten der Stadt, aus der der Flüchtling kommt, ob er aus seinem Asylort weggeholt werden soll. Die Asylstadt aber hat die Auslieferung mitzuverantworten. 19,14 warnt im Zusammenhang „Schutz des Lebens" vor Grenzverrückung. Denn dieses Verbrechen kann von der Rechtsgemeinde nicht effektiv kontrolliert werden, trifft vor allem die sozial Schwachen und gefährdet dann die menschliche Existenz. 19,15 bestimmt das Zweizeugenprinzip, das 17,6 nur für Kapitalverbrechen vorgesehen hat, als für jedes Vergehen gültigen Grundsatz des Strafrechts, weitet also den Rechtsschutz erheblich aus. 19,16–21 beugt einem Justizmord aufgrund falscher Anklage vor. Deshalb wurde das Gesetz redaktionell nicht dem Bereich des 8. Dekalogsgebotes (5,20), sondern jenem des Tötungsverbotes zugewiesen. Die harte Sanktion für einen solchen „Gewalt-Zeugen" (19,16) soll aber nicht nur Unrecht vergelten (19,21), sondern hat die erzieherische Funktion, vor der Schädigung eines „Bruders" von vornherein abzuschrecken (19,20). Schließlich liefert auch die redaktionelle Zusammenstellung des Talionsgesetzes mit den Asylgesetzen ein Beispiel für die bloß bedingte Anwendbarkeit des Vergeltungsprinzips.[9]

---

[7] *Wagner,* „Rest," 235, übersieht diese Bezüge und nimmt deshalb bei den zwei Rechtssätzen über Zeugenaussage an, sie seien durch Attraktion an diese Stelle gelangt: Im Falle eines Mordes oder Totschlags mußte ja ein Mißbrauch der Zeugenvernehmung oder -aussage besonders folgenreich werden.

[8] Vgl. *Merendino, Gesetz,* 218.

[9] *Merendino, Gesetz,* 218.

(3) In Dtn 19 sind Gesetze des gleichen Sachbereiches „Gerichtswesen" nach Fall und Gegenfall angeordnet: berechtigter Gebrauch der Zufluchtstädte (V. 1–10) und ihr Mißbrauch (V. 11–13), ordnungsgemäßer Gebrauch der Zeugenaussage (V. 15) und ihr Mißbrauch (V. 16–21). Das Verbot der Grenzverrückung (V. 14) ist assoziativ zwischen Fragen der Grenzziehung im Erbland Israel (V. 1–10) und der Evidenz eines Zeugnisses (V. 15) eingeschoben. Darüber hinaus werden die Gesetze auch noch durch Formeln und Wortklammern miteinander verbunden. Sie finden sich natürlich zwischen den paarweise aufeinander abgestimmten Gesetzen (V. 1–10 und 11–13 sowie V. 15 und 16–21). Darüber hinaus verdienen aber die folgenden besondere Erwähnung. Hauptfall (V. 1–7) und Unterfall (V. 8–10)[10] des Gesetzes über die Asylstädte sind in V. 1–2 und V. 10 durch Landgabesätze gerahmt. Denn das Asyl hängt jetzt nicht mehr an den lokalen Heiligtümern, sondern am Land beziehungsweise den Asylstädten, deren Zahl seiner Größe entsprechen soll. Das Verbot der Grenzverrückung (V. 14) wurde durch die Stichworte *g*^{e}*bûl* (in V. 3.8 aber im Sinn von „Gebiet"), *nḥl* hi. „zum Erbbesitz geben" (V. 3), *re*^{ac} „Nächster" (V. 4.5.11), *naḥ*^{a}*lâ* „Erbbesitz" (V. 10) und einen Landgabesatz formulierungsmäßig besonders stark an die Asylgesetze angepaßt, vermutlich um dadurch seine inhaltliche Digression zu überbrücken. Schließlich spannt sich auch ein Bogen vom Ende der ersten Gesetzesgruppe zum Ende der zweiten: Was V. 13 einschärft – „du sollst kein Mitleid aufsteigen lassen" und „du sollst... (aus Israel) wegschaffen" – verlangen auch V. 21a beziehungsweise V. 19b.

2. Dtn 20

(1) Die Kriegsgesetze von Kapitel 20 folgen auf Bestimmungen über das gerichtliche Vorgehen bei Totschlag beziehungsweise Mord (19,1–10.11–13) und über einen Rechtsstreit zweier Parteien (19,15.16–21), mit dem diese „vor YHWH" treten (19,17). Nun ist nach altorientalischer Auffassung jeder Krieg eine Art Gottesgericht – ein Aspekt, der zum Beispiel die juristische Logik von 9,4–6 bestimmt. Des-

[10] Die wichtigste Anordnung des Hauptfalls – „Du sollst drei Städten eine Sonderstellung zuweisen" – wird in V. 2a und 7b stilistisch als Rahmen gebraucht. *bdl* hi. findet sich im deuteronomischen Gesetz nur an diesen beiden Stellen. Der Neueinsatz in V. 8 wird auch durch die Wiederholung von *g*^{e}*bûl* aus V. 3 und den offenbar bewußt unterschiedlich formulierten Landgabesatz markiert.

halb kann der Text beim Übergang von Kapitel 19 zu Kapitel 20 vom menschlichen zum göttlichen Gericht hinüberassoziieren. Die Gerichtsszene wirkt ferner zu Beginn von Kapitel 20 durch das „Vortreten“ des Priesters weiter (20,2), denn *ngš* ni. ist im Dtn terminus technicus für das Erscheinen vor Gericht.[11]

Über das beiden Kapiteln gemeinsame Motiv „Gericht“ hinaus dürften auch die Gesetze selbst grob aufeinander abgestimmt sein. Das gilt zunächst für die Reihenfolge der Gesetzesgruppen. Kapitel 19 beginnt mit zwei „Stadt“gesetzen (19,1–10.11–13). Nach einem Überleitungsparagraphen (19,14) handeln dann zwei Gesetze (19,15.16–21) von den bei einem Prozeß tätigen Personen. Kapitel 20 spricht im ersten Gesetz (20,1–9) über die beim Aufgebot des Volksheeres beschäftigten Personen. Daran schließen sich zwei „Stadt“gesetze an (20,10–18.19–20). Die Gesetze[12] sind also in lockerer Weise nach Orten und Personen chiastisch geordnet:

A Asylstädte
B Zeugen, Priester und Richter
B’ der Priester und die Listenführer
A’ belagerte Städte

Zwischen einzelnen Gesetzen von Dtn 19 und 20 gibt es noch weitere thematische und formulierungsmäßig auffällige Gemeinsamkeiten. So verbindet das „Baumfällen“ das erste und das letzte Stadtgesetz (19,1–10 und 20,19–20) und damit Anfang und Ende der beiden Kapitel: Die Wendungen *ndḥ* ni. *yād baggarzæn* „die Hand mit der Axt anlegen“ und *ndḥ* q. *garzæn* „die Axt anlegen“ finden sich im Dtn nur in 19,5 und 20,19, darüber hinaus ist *garzæn* überhaupt nur noch zweimal im AT belegt;[13] *krt (hā)ᶜeṣ* „einen (den) Baum fällen“ wird im Dtn bloß in 19,5 und 20,19.20 verwendet. Diese selten gebrauchten Ausdrücke machen es wahrscheinlich, daß durch sie die beiden Gesetze bewußt aufeinander bezogen werden sollen. Zweitens sind das erste (19,1–10) und das vorletzte Stadtgesetz (20,10–18) durch den Satz *ʾᵃšær YHWH noten lᵉkā (naḥᵃlâ)* „... das / die YHWH dir (als Erbbesitz) gibt“ miteinander verklammert. Er bezieht sich in 19,1.2.10 auf das Land der Völker beziehungsweise Israels und in 20,16 auf die Städte der Völker.[14] Kapitel 19 und 20 pendeln

[11] *ngš* ni. ist im Dtn neben 20,2 noch in 21,5; 25,1.9 belegt.

[12] Dabei bleibt 19,14 unberücksichtigt, was aber bei der großflächigen Struktur kaum ins Gewicht fällt.

[13] 1 Kön 6,7; Jes 10,15.

[14] Auf den Krieg gegen Städte des Verheißungslandes geht nämlich nur 20,16–18 ein.

also von der ersten Zeit der Landnahme und später der Vergrößerung des Gebietes Israels in die Zukunft mit ihren Institutionen von Asylstädten, (Zentral-)Gericht und Heerbann, und dann von Kriegen gegen Städte im Ausland wieder zurück in die Zeit der Eroberung kanaanäischer Städte. Drittens werden in den Gesetzen, die Amtspersonen betreffen (19,15.16–21; 20,1–9), die sonst (16,18) zusammen auftretenden *šopᵉṭîm* „Richter" und *šoṭᵉrîm* „Listenführer" erst in der Gesamtheit dieser Gesetze, dann allerdings in der im Deuteronomistischen Geschichtswerk üblichen Reihenfolge[15] vorgestellt: 19,17–18 erwähnt die Richter, 20,5.8 und 9 die Listenführer. Doch sprechen andererseits im ganzen Dtn nur 19,18 und 20,5–9 von ihrer spezifischen, von anderen Ämtern gesonderten Tätigkeit. Auch dieser Umstand läßt auf bewußtes Nebeneinander der Gesetze schließen.

(2) Die drei Kriegsgesetze (Kapitel 20) werden untereinander durch leitmotivartige Wendungen vernetzt, die aus typischem Kriegsvokabular aufgebaut sind: aus den Nomina *milḥāmâ* „Kampf" und *'oyᵉbîm* „Feinde" sowie den Verben *lḥm* ni. „kämpfen" und *ṣwr* „belagern". Sie werden gezielt bei Struktureinschnitten eingesetzt.[16] *yṣ' lammilḥāmâ ᶜal 'oyᵉbǣkā* „zum Kampf gegen deine Feinde ausziehen" (V. 1) eröffnet programmatisch die Gesetzesgruppe. Diese Wendung wird durch *qrb 'æl hammilḥāmâ* „in den Kampf ziehen" (V. 2) für den Beginn der Schlacht präzisiert. Die Ansprache, die der Priester bei dieser Gelegenheit hält, wird von *qrb lammilḥāmâ ᶜal 'oyᵉbêkæm* „gegen eure Feinde in den Kampf ziehen" (V. 3) und *lḥm* ni. *ᶜim 'oyᵉbêkæm* „mit euren Feinden kämpfen" (V. 4)

[15] Vgl. Dtn 16,18; Jos 23,2; 24,1. In Jos 8,33 gilt *šoṭᵉrîm* wegen des fehlenden, vom Kontext aber geforderten Suffixes als Glosse – s. zum Beispiel *Noth, Josua,* 50. Im Chronistischen Geschichtswerk ist die Reihenfolge umgekehrt: *šoṭᵉrîm wᵉšopᵉṭîm* – s. 1 Chr 23,4; 26,29.

[16] Struktureinschnitte werden in Kapitel 20 auch sonst durch gemeinsame oder einander ähnliche Formulierungen markiert. In V. 1–9 sind dies vor allem die gleichlautenden Einleitungen der Reden des Priesters (V. 2–3) und der Listenführer (V. 5.8, vgl. V. 9): *dbr* pi. *'æl hāᶜām* „zum (Kriegs-)Volk sagen" + *'mr.* *šālôm* „den Frieden anbieten" am Ende von V. 10b wird von *šālôm* zu Beginn von V. 11a und *šlm* hi. zu Beginn von V. 12a aufgenommen. V. 15b schließt mit dem Präpositionalausdruck *meᶜārê haggôyim hā'ellæh* „aus den Städten dieser Völker", V. 16a beginnt mit *meᶜārê hāᶜammîm hā'ellæh* „aus den Städten dieser Völker". Ähnliches gilt auch von den Relativsätzen *'ᵃšær nātan YHWH 'ᵉlohǣkā lāk* „... die YHWH, dein Gott, dir gegeben hat", womit V. 14b die siegreiche Belagerung entfernter Städte beendet, und *'ᵃšær YHWH 'ᵉlohǣkā noten lᵉkā naḥᵃlâ* „... die YHWH, dein Gott, dir als Erbbesitz gibt" in V. 16a zu Beginn des Kriegszuges gegen kanaanäische Städte.

gerahmt. Das zweite Gesetz (Krieg gegen eine feindliche Stadt) beginnt mit *qrb 'æl ᶜîr lᵉhillāḥem ᶜālæhā* „vor eine Stadt ziehen, um sie anzugreifen" (V. 10). Schließlich findet sich *lᵉhillāḥem ᶜālæhā* nochmals am Anfang des dritten Gesetzes (V. 19). Hier (V. 19) wird auch der Präpositionalausdruck *'æl ᶜîr* (vgl. V. 10) wieder verwendet. Er ist auch Teil eines anderen Systems, das im Abschnitt über die Belagerung und Einnahme einer feindlichen Stadt im zweiten Gesetz (V. 12–14) beginnt und diesen mit dem sachlich dazu gehörenden dritten Gesetz (V. 19–20) verbindet. Die beiden Wendungen *ᶜśh ᶜimmᵉkā milḥāmâ* „sich mit dir im Kampf messen" (V. 12a) und *ṣwr ᶜālæhā* „sie belagern" (V. 12b), die den Belagerungsabschnitt einleiten, rahmen in umgekehrter Abfolge – *ṣwr 'æl ᶜîr* „eine Stadt belagern" (V. 19a) und *ᶜśh ᶜimmᵉkā milḥāmâ* „sich mit dir im Kampf messen" (V. 20b) – das dritte Gesetz, das der Kriegsführung während der Belagerung gewidmet ist. Die Elemente dieser Klammer sind also chiastisch angeordnet:

A *ᶜśh ᶜimmᵉkā milḥāmâ* „sich mit dir im Kampf messen" (V. 12a)
B *ṣwr ᶜālæhā* „sie belagern" (V. 12b)
B' *ṣwr 'æl ᶜîr* „eine Stadt belagern" (V. 19a)
A *ᶜśh ᶜimmᵉkā milḥāmâ* „sich mit dir im Kampf messen" (V. 20b)

Auch das Ende des Abschnittes über die Stadtbelagerung (V. 14) wird mit dem dritten Gesetz verknüpft: Das im ganzen AT singuläre *'kl šᵉlal 'oyᵉbækā* „verzehren, was du bei deinen Feinden erbeutet hast" (V. 14) wird durch die Erlaubnis, während der Belagerung von den Bäumen der Stadt zu essen (*'kl* V. 19b), und im Verbot, ihren Fruchtbäumen (*ᶜeṣ maᵓᵃkāl*) zu schaden (V. 20a), gewissermaßen wieder aufgenommen. Durch den Ausdruck (*šᵉlal*) *'oyᵉbækā* (V. 14) ist das Belagerungsende schließlich auch an den Beginn des ersten Gesetzes (V. 1.3.4) zurückgebunden.

Dieses erste Gesetz (V. 1–9) wird durch das für den Jahwekrieg gewichtige Motiv der Furchtlosigkeit gerahmt: Nur hier wird es gleich am Anfang (V. 1) als Prohibitiv *loᵓ tîrāᵓ* „du sollst dich nicht fürchten" und damit als für den Jahwekrieg grundsätzliches Verbot formuliert. Vor der Schlacht bilden die Vetitive *'al yerak lᵉbabkæm 'al tîrᵉᵓû* „verliert nicht den Mut, fürchtet euch nicht..." (V. 3) die ersten Mahnungen des Priesters. Noch zuletzt ist (*hāᵓîš*) *hayyāreᵓ wᵉrak hallebāb* „(einer), der sich fürchtet und keinen Mut hat" (V. 8) die Sorge der Listenführer.

Dtn 20 entwickelt eine Theorie des Heeresaufgebots (V. 1–9) und der Kriegsführung (V. 10–18.19–20). Im Gesetz über das Volksheer (V. 1–9) sind die einzelnen Phasen – der Augenblick, in dem Israel den überlegenen Feind erblickt (V. 1), die Feldpredigt am Tag, an dem es zur Schlacht kommt (V. 2–4), die Ausmusterung der Soldaten samt der Einsetzung von Truppenführern (V. 5–8.9) – nach ihrer theologischen Bedeutung geordnet. Denn in Wirklichkeit folgen die genannten Akte ja umgekehrt aufeinander. Die vorliegende Systematisierung aber stellt alles vom Anfang her unter das Programm eines Jahwekrieges: „Du sollst dich nicht vor deinen Feinden fürchten, denn YHWH, dein Gott, ist mit dir" (V. 1). Das Gesetz über den Krieg gegen feindliche Städte (V. 10–18) regelt zunächst die für die Adressaten aktuellen Kriegszüge gegen ausländische Städte (V. 10–15), setzt also die Landeseroberung als schon geschehen voraus. Erst danach geht das Gesetz auf den Krieg gegen Städte Kanaans ein (V. 16–18), der de facto bereits der Vergangenheit angehört. Vorrang hat also, was theologisch (V. 1–9) beziehungsweise historisch wichtiger (V. 10–18) ist. Weil das dritte Gesetz (V. 19–20) die strenge Logik der durchgespielten Möglichkeiten – Annahme der Unterwerfung (V. 11) beziehungsweise Ablehnung (V. 12–18) durch eine ausländische (V. 12–15) oder inländische Stadt (V. 16–18) – unterbrechen würde, wird es trotz seiner zeitlichen Priorität erst am Ende angehängt. Es trägt zur Kriegsführung bei einer Belagerung (V. 12) die Schonung des Baumbestandes nach.

(3) Selbst den Kriegsgesetzen von Dtn 20 geht es ebenso wie den übrigen Gesetzen im Bereich des 5. Dekalogsgebotes darum, Leben zu bewahren. Schon die ersten drei Musterungsvorschriften (V. 5–7) sichern – sogar bei Gefährdung des Gemeinwesens und ohne daß familienrechtliche Motive genannt werden – das private Glück des einzelnen Soldaten. Ängstliche Menschen werden nach Hause geschickt, damit sie nicht die übrigen gefährden (V. 8). Bei einem Offensivkrieg muß einer Stadt außerhalb des eigenen Territoriums zunächst ein Friedensangebot gemacht werden (V. 10). Unterwirft sie sich nicht und wird sie besiegt, darf nur das allgemeine Kriegsrecht angewandt werden: Nur die Männer werden getötet, die Frauen, Kinder und Greise bleiben am Leben (V. 13–14). Auch ihre Fruchtbäume müssen erhalten und dürfen nicht zu Belagerungszwecken verbaut werden (V. 19–20). Dieser durchgehend humanen Grundtendenz widerspricht die grausame Vernichtungsweihe (V. 16–18) nicht. Sie ist streng auf die Landeroberungssituation und die Bewohner des verheißenen Landes beschränkt, ist also den eigentlichen Adressaten dieses Gesetzes ferne Vergangenheit und ihnen gerade nicht mehr gestattet.[17]

(4) Die Systematisierung der drei Kriegsgesetze unterscheidet sich von der Art, wie Gesetze bisher geordnet waren. Es muß hier offen bleiben, ob

---

[17] S. dazu *Lohfink*, *„ḥāram,"* 209–212.

der Redaktor in diesem Fall bewußt eine andere Technik angewendet hat oder ob sie ihm schon mit dem Material vorgegeben war, das er übernommen und an dieser Stelle des deuteronomischen Kodex eingebaut hat.

3. Dtn 21

(1) Kapitel 21 setzt thematisch sowohl den Bereich „Gericht" und damit Kapitel 19 als auch den Bereich „Krieg" und damit Kapitel 20 fort. Der redaktionelle Aspekt, der in Dtn 19–20 das menschliche mit dem göttlichen Gericht verbindet, prägt, wenn auch auf andere Art, besonders 21,1–9. Es regelt – sogar über mehrere Gesetze hinweg – den Gegenfall zu 19,1–13: für einen gewaltsam ums Leben Gebrachten läßt sich kein Totschläger oder Mörder ausfindig machen. Dort wie hier ist „unschuldig vergossenes Blut" (*dām nāqî* 19,10.13 und 21,9) nicht bloß Sache der Familie des Getöteten, sondern letztlich trägt ganz Israel dafür die Verantwortung. So üben die Ältesten Israels (21,2) und der Stadt, die dem Ermordeten am nächsten liegt (21,3.4.6 – vgl. 19,12), aber auch die Richter (21,2 – vgl. 19,17–18) richterliche Funktionen aus. Schließlich treten sogar die Priester (zum Gericht) heran (*ngš* ni. 21,5 – vgl. 19,17). Das feierliche Bekenntnis, das die Ältesten ablegen (*ᶜnh* 21,7), ist sowohl für das Gericht (vgl. 25,9) als auch für den Kult (vgl. 26,5) kennzeichnend (vgl. 27,14.15). Durch das Gebet (21,8) wird es zu einem juristisch-paraliturgischen Akt, wobei aber Jahwe allein entsündigen, also die Blutschuld nicht anrechnen, kann. Mit der Gerichtsszene von Dtn 19 ist Kapitel 21 schließlich durch die Ausrotte-Formel (21,9.21a – vgl. 19,13.19) und die Abschreckungsformel (21,21b – vgl. 19,20) verbunden. An die Kriegssprache erinnern die in 21,1 gebrauchten Ausdrücke *ḥll* „ermorden" und *npl* „fallen".[18] Sie passen gut zur Atmosphäre der Kriegsgesetze von Kapitel 20.

Formulierungsmäßig knüpft Kapitel 21 mit seinem ersten Gesetz (21,1–9) in 21,1 durch eine Landgabeformel an den Anfang von Kapitel 19 (19,1–2) an. Das „Feld" *(śādæh)* aber, auf dem der Umgebrachte nach 21,1 gefunden wird, schließt stichwortartig an das unmittelbar vorausgehende Gesetz am Ende von Kapitel 20 an, nämlich an das Verbot, die Bäume „auf dem Feld" wie Menschen zu fällen (20,19–20).[19] Das zweite

---

[18] *ḥll* steht häufig für „mit dem Schwert durchbohren", zum Beispiel Num 19,16; zu *npl* vgl. Ri 9,40; 1 Sam 31,1; Ez 32,20.22.23.24.27.

[19] Vgl. auch *yrd* q. bzw. hi., die in Dtn 12–25 nur in 20,20 bzw. 21,4 belegt sind.

Gesetz, über die Ehelichung einer Kriegsgefangenen (21,10–14), beginnt in 21,10a wortgleich mit 20,1a*: „Wenn du zum Kampf gegen deine Feinde ausziehst“, und führt dann 20,12–14 weiter (vgl. auch die Wendung „YHWH, dein Gott, gibt in deine Hand“ in 21,10b und 20,13). Das letzte Gesetz über die Bestattung eines Hingerichteten und dann am Pfahl Aufgehängten (21,22–23) klammert durch den Ausdruck *mišpaṭ māwæt* „Todesstrafe“ an 19,6 zurück. Er ist im Dtn nur an diesen beiden Stellen belegt. Unmittelbar davor, in 19,5, findet sich auch das Stichwort „Baum“ (*ᶜeṣ),* das ebenfalls in 20,22–23 verwendet wird. Es verbindet 21,22–23 außerdem mit 20,19–20. Anfang und Ende von Kapitel 21 hängen somit assoziativ am ersten Gesetz von Kapitel 19 und am letzten Gesetz von Kapitel 20.

(2) Kapitel 21 geht es im ersten (21,1–9) und im letzten Gesetz (21,22–23) um die Reinerhaltung des Landes. Landgabesätze in 21,1 und 21,23 dienen dabei als Rahmen. Sie sind aber hier sachentsprechend mit *ʾᵃdāmâ* „Land“ konstruiert.[20] Es wurde schon darauf hingewiesen, daß 21,1–9 ein Gegenstück zu den Gesetzen über die Asylstädte (19,1–10.11–13) bildet und 21,10–14 das Gesetz über die Belagerung einer entfernten Stadt weiterführt (20,12–14). Dagegen bilden die folgenden drei Gesetze eine neue, in sich geschlossene Gruppe. Sie leiten die Beschreibung des Tatbestandes mit *kî hyh lᵉʾîš / bᵉʾîš* „wenn ein Mann... hat“ ein (21,15.18.22) und hängen assoziativ am Thema Ehe und Familie, das 21,10–14 mit der Heirat einer Kriegsgefangenen schon angesprochen hat. Weil es durch eine solche Ehe am leichtesten zur Polygamie kam, sichert 21,15–17 das Erbrecht des Erstgeborenen einer Mehrehe. Sollte er der Sohn der weniger geliebten Frau sein – Anknüpfungspunkt ist die Frau, die nicht mehr gefällt, in 21,14 –, darf er nicht verstoßen werden. Anders ein dauernd widersetzlicher Sohn: er ist nach 21,18–21 zu steinigen. Die drei Gesetze werden durch *kî hyh lᵉʾîš* beziehungsweise *bᵉʾîš* (21,15.18 beziehungsweise 22) eingeleitet, sind aber außerdem durch Leitwörter miteinander verklammert: „Frau“ in 21,10–14 und 21,15–17, „Vater und Mutter“ in 21,13 und 21,18–21, „Sohn“ in 21,15–17 und 21,18–21. Die Exekution des störrischen Sohnes (21,21a) läßt in 21,22–23 zum Gesetz über die Bestattung des aufgehängten Leichnams eines Hingerichteten hinüberassoziieren. Dabei können auch die vorausgehenden Motive der Entehrung (21,20) und Abschreckung (21,21b) mitschwingen.

[20] Innerhalb des Gesetzesblockes Dtn 19–25 findet sich ein Landgabesatz mit *ʾᵃdāmâ* nur mehr in 25,15.

(3) Der Gesichtspunkt „Leben bewahren" bestimmt auch die Gesetze von Kapitel 21. Der in V. 1–9 vorgeschriebenen Prozedur geht es nicht um die Selbstrechtfertigung einer Stadt angesichts eines Getöteten, sondern um die Entsündigung von ganz Israel. Denn unschuldig vergossenes und nicht gesühntes Blut würde ganz real seine erlöste Existenz gefährden (vgl. 19,13). V. 10–14 über die Heirat einer Kriegsgefangenen zeigt, daß auch in einer von Männern bestimmten Welt die Menschenwürde einer „erbeuteten" Frau geachtet werden muß. Sie ist kein sexuelles Freiwild für den Sieger, sondern muß wirklich geliebt und vor einem Geschlechtsverkehr voll in eine israelitische Familie integriert sein. V. 15–17 fixiert das Recht des Erstgeborenen zunächst einmal rein biologisch, also vom Gesichtspunkt der Zeugungs- und Lebenskraft aus. Diese Regelung verhindert aber auch, daß seine Mutter als weniger geliebte Frau nach dem Tod des Familienvaters benachteiligt werden kann. Im Unterschied zum altisraelitischen Recht (Ex 21,15.17) entscheidet nach V. 18–21 nicht mehr ein einmaliger Verstoß des Sohnes gegenüber seinen Eltern über seine Hinrichtung, sondern sein gesamtes Betragen. Außerdem ist jetzt das gemeinsame Vorgehen von Vater und Mutter Schritt für Schritt festgelegt, und muß ein öffentlicher Prozeß stattfinden. Dadurch wird die Möglichkeit einer Exekution des Sohnes wesentlich eingeschränkt. Deshalb legt das Gesetz nicht das Elterngebot aus, sondern kommentiert das Tötungsverbot. V. 22–23 fordern, daß die Leiche eines gehenkten Verbrechers vom Pfahl abgenommen wird, damit sie nicht das Land verunreinigt und so Fruchtbarkeit und Leben beeinträchtigt.[21]

4. Dtn 22,1–12 – Der Übergangsbereich vom fünften zum sechsten Gebot

22,1–12 gilt, wo die Perikope als ganze in den Blick genommen wird, bis heute zumeist als unsystematische Sammlung verschiedenster Bestimmungen.[22] Sie werden gewöhnlich als Humanitätsgesetze und alte Tabus zur Abwehr fremdreligiöser Praktiken interpretiert.[23] Dagegen hat jetzt *G. Barbiero*[24] – im Anschluß an meine frühere Untersuchung[25] – gezeigt,

---

[21] S. dazu *Merendino, Gesetz,* 235 und 238.
[22] S. zum Beispiel *Phillips, Deuteronomy,* 146; *Thompson, Deuteronomy,* 233.
[23] So zum Beispiel *Phillips, Deuteronomy,* 146.
[24] *L'asino,* besonders 272–323.
[25] *Braulik,* „Dekalog," 265–270 (= *Studien,* 247–253).

daß der Redaktor durch diesen Text thematisch wie formulierungsmäßig vom 5. zum 6. Dekalogsgebot überleiten wollte.

(1) 21,1–23 faßt inhaltlich unterschiedliche Gesetze unter dem Gesichtspunkt des Todes mitten im Leben zusammen;[26] in 22,13–29 betreffen alle Gesetze verbotene Beziehungen zwischen Mann und Frau. Die beiden redaktionellen Einheiten sind chiastisch aufgebaut.[27] Sie sind darüber hinaus auch durch mehrere sprachliche Gemeinsamkeiten miteinander verbunden.[28] All diese Systematisierungen grenzen 22,1–12 indirekt als kompositorisch eigenständigen Zwischentext aus. Denn er vereinigt inhaltlich unterschiedliche Bestimmungen und ist nicht chiastisch strukturiert.[29] Auffällig ist schließlich, daß die Gesetzmäßigkeiten altorientalischer Kodifikation in 21,15–21 und 22,13–29 gelten, nicht jedoch in 22,1–12.[30] Während in den kasuistischen Regelungen des Kapitels 21 und in 22,13–29 fast ausschließlich die 3. Person dominiert, sind die apodiktischen wie kasuistischen Rechtssätze in 22,1–12 mit Ausnahme von V. 5 stets an die 2. Person adressiert. Trotzdem ist das heterogene Material auch in der vorliegenden Sammlung nicht unter einem einzigen Gesichtspunkt zusammengestellt worden.[31] Sie verbindet vielmehr zwei Gruppen von Gesetzen. So geht es in den V. 1–3.4.6–7.8 um vier Paragraphen, durch die tierisches wie menschliches Leben bewahrt werden soll. Sie gehören noch in den Bereich des 5. Dekalogsgebotes. Dagegen handelt es sich in den V. 5.9–11 um zwei (beziehungsweise vier) Paragraphen, die bestimmte Vermischungen verbieten. Mit ihnen beginnt schon der Bereich

---

[26] *Carmichael*, „Element".

[27] S. dazu *Wenham/McConville*, „Techniques," und meine kritischen Anmerkungen zu ihrer Gliederung von 22,13–29 im nächsten Kapitel.

[28] *Wenham/McConville*, „Techniques," 252 Anm. 9.

[29] Allerdings hat *Barbiero, L'asino*, 275, für Dtn 22,1–11 (!) einen konzentrischen Aufbau – in Parallele zu Ex 23,1–8 – nachgewiesen: jeweils drei apodiktische Gesetze (Dtn 22,1–3.4.5 – Ex 23,1.2.3 beziehungsweise Dtn 22,9.10.11 – Ex 23,6.7.8) rahmen zwei kasuistische Gesetze (Dtn 22,6–7.8 – Ex 23,4.5). Diese Struktur wurde in beiden Texten durch ein Gesetz erweitert (Dtn 22,12 – Ex 23,8).

[30] Vgl. *Wagner*, „Rest," 236f.

[31] Selbst *Mayes, Deuteronomy*, der 22,1–12 unter einen gemeinsamen Titel stellt (a.a.O. 305), muß für die Redigierung schließlich doch zwei verschiedene Aspekte angeben, um die Verbote der V. 5.9–11 thematisch einordnen zu können. Die Gesetze seien aneinander gereiht worden „out of a concern for the integrity of all forms of life and the preservation of the distinction of the created order" (a.a.O. 306). V. 12 wäre nur wegen des vorhergehenden Gesetzes hier angehängt worden (a.a.O. 309).

des 6. Dekalogsgebotes. Diese Auslegung wird später noch verdeutlicht werden. Jedenfalls läßt sich der Zwischentext 22,1–12 nicht in durchgehend geschlossene und unmittelbar aufeinander folgende Abschnitte aufteilen, die dann den vorausgehenden beziehungsweise anschließenden Gesetzesgruppen zugeordnet werden könnten.[32] Für 22,1–12 ist vielmehr charakteristisch, daß hier die beiden Gesetzesgruppen ineinander geschoben werden. Die Geschlechtermischung durch Kleidertausch in V. 5 ist bereits im Sachbereich „Leben bewahren“ eingehängt, zu dem dann noch die V. 6–7.8 gehören. Von der anderen Seite her gesehen: das Lebenlassen der Vogelmutter in den V. 6–7 sowie die Vorkehrung vor einem tödlichen Unfall in V. 8 ragen noch in den Sachbereich „Vermischungen vermeiden“ hinein, der bereits mit V. 5 eingesetzt hat. Läge nur eine Attraktion assoziierter Stoffe vor, hätte man thematisch Zusammengehörendes auch unmittelbar aneinander gereiht. Die beiden Gesetzesgruppen wurden jedoch offenbar redaktionell ineinander verklammert, um so Eigenständigkeit wie Übergang von einem Sachbereich zum anderen stärker zu profilieren.

(2) Erzeugt diese Technik also in 22,1–12 die Verzahnung zweier inhaltlich unterschiedlicher Gesetzesgruppen, so werden diese durch eine subtile Stichwortverknüpfung zugleich zu einem selbständigen Zwischentext geformt.[33] Das geschieht im einzelnen auf folgende Weise. Das Gesetz über die Nachbarschaftshilfe in V. 4 ist syntaktisch wie formulierungsmäßig weitgehend parallel zu V. 1, dem Anfang des Gesetzes über verlaufenes Vieh und verlorenes Gut, gestaltet. Während jedoch V. 1 von „Rind“ und „Lamm“ spricht, nennt V. 4 „Esel“ und „Rind“. Mit dem Esel aber, der in V. 4 als Lasttier an die Stelle des Lammes von V. 1 tritt, beginnt in V. 3 die Aufzählung weiteren verlorenen Besitzes, demgegenüber man sich ebenso wenig gleichgültig verhalten kann wie dem verlaufenen Rind oder Lamm des V. 1 gegenüber. V. 4 ist also mit V. 1 wie mit V. 3 verklammert, weicht aber von ihnen auch in zwei Punkten ab: Erstens dreht er die Abfolge der Tiere um, führt also zunächst *ḥ^{a}môr* „Esel“ aus V. 3 und danach erst das *šôr* „Rind“ aus V. 1 an. Zweitens gebraucht er die

[32] Letzteres gegen *Kaufman*, „Structure,“ der 19,1–22,8 dem 5. Dekalogsgebot zuordnet (a.a.O. 134–137), 22,9–23,19 aber dem 6. Dekalogsgebot (a.a.O. 137–139). 22,5 „seems intrusive and may well be displaced from its original position among other laws of forbidden mixtures in vv 9–10“ (a.a.O. 136). Doch bildet das Kleidermotiv des V. 5 ein Element in der chiastischen Struktur, die die V. 5–12 auf Inhaltsebene überspannt und so einen Übergang zwischen den Gesetzesblöcken schafft (a.a.O. 136).

[33] Zu manchen der folgenden Bezüge vgl. *Seitz, Studien,* 166, 174f, 250f.

Wendung *npl* q. *baddæræk* „fallen auf dem Weg", der dann das Aufrichten der Tiere als Hilfeleistung entspricht.[34] Beide Handlungen werden syntaktisch jedoch parallel zu V. 1 formuliert. Durch diese Gemeinsamkeiten wie Unterschiede entfernt sich V. 4 zwar von seiner Vorlage in Ex 23,5, wird aber zum Bindeglied zwischen den V. 1–3 einerseits und den V. 6–10 andererseits. Denn die Ausdrücke *ḥamôr – šôr – npl* q. *baddæræk* dienen als Stichwörter einer (ornamentalen) palindromischen Struktur und werden in einer zu V. 4 rückläufigen Abfolge in den V. 6.8.10 wiederholt.[35] V. 4 dürfte somit erst vom Redaktor des vorliegenden Übergangstextes umformuliert worden sein. Die Kleidervorschriften der V. 5 und 11 werden durch das negierte Verb *lbš* q. miteinander verbunden, das im Dtn nur an diesen beiden Stellen verwendet wird.[36] Schließlich erzeugen auch die gesetzesübergreifenden Wortwiederholungen von *bayit* (V. 2) beziehungsweise *bayit ḥādāš* (V. 8), *śimlâ* (V. 3) beziehungsweise *śimlat 'iššâ* (V. 5) ein Einheitsgefühl. Da diese beiden Ausdrücke jedoch nur in Variation aufgegriffen werden, ist ihre Wiederholung von den zuvor genannten Wiederholungen innerhalb einer Struktur abgehoben. Die V. 8 und 9 fügen sich trotz ihres divergierenden Inhalts aufgrund der Topik „Neubau eines Hauses und Anlegen eines Weinberges" (vgl. Dtn 20,5–7; 28,30) gut aneinander.[37] Formal gehört V. 9 jedoch mit den V. 10–11 zusammen.[38] V. 12 wurde vom Thema „Kleidung" des V. 11 attrahiert.[39]

(3) 22,1–12 ist aber nicht eine in sich abgerundete Texteinheit zwischen anderen, sondern hängt als Brückentext aussage- und formulierungsmäßig auch an den vorausgehenden wie nachfolgenden Gesetzen. So wird *npl* q. im Dtn außer 22,4 und 8 nur noch in 21,1 von einem auf freiem Feld

---

[34] Die Opposition *npl* q. und *qwm* hi. im absoluten Infinitiv samt finiter Verbalform der gleichen Wurzel findet sich im AT nur hier.

[35] Diese Beobachtung verdanke ich *Locher*.

[36] Dagegen bleibt der von *Kaufman*, „Structure," 136, für die V. 5–12 festgestellte Chiasmus undifferenziert: Kleidung (V. 5) – Tiere (V. 6–7) – Haus (V. 8) – Feld (V. 9) – Tiere (V. 10) – Kleidung (V. 11–12).

[37] Vielleicht wurde deshalb das besser zum „Säen" passende „Feld", wie es das parallele Gesetz in Lev 19,19 noch von der alten Vorlage her bewahrt haben dürfte, in Dtn 22,9 durch „Weinberg" ersetzt – so *Seitz*, *Studien*, 250–251.

[38] Sie könnten auf der Sachebene chiastisch angeordnet sein: Vermischung von Pflanzen (V. 9) – Vermischung von Tieren (V. 10) – Vermischung von (tierischer) Wolle und (pflanzlichem) Flachs (V. 11).

[39] *Kaufman*, „Structure," 136, sieht eine mögliche Verbindung zwischen den Dachrändern, an denen eine Brüstung zu ziehen ist (V. 8), und den Gewandrändern, an deren Ecken Quasten anzubringen sind (V. 12).

„Gefallenen“, nämlich Ermordeten, gebraucht. Wenn 22,4 das Aufrichten eines zusammengebrochenen Tieres verlangt, sollte offenbar vom Kontext her mitgedacht werden: Bewahre es dadurch am Leben. Jedenfalls bedeutete das Herabfallen von der ungesicherten Dachterasse in V. 8 eine Blutschuld. Sie wird hier und sonst im Dtn nur noch in 19,10 mit *dāmîm* bezeichnet.[40] *npl* q. und *dāmîm* verklammern somit die Gesetze in 22,4 und 8 mit dem Bereich des 5. Dekalogsgebotes.[41] Was das Gesetz der Nachbarschaftshilfe in den V. 1–3 betrifft, so lag beim „verlorenen Gut“ *(ᵓᵃbedâ)*, das „verloren gegangen ist“ *(ᵓbd)*, die Assoziation des Umkommens beziehungsweise Zugrundegehens nahe. Schließlich besteht noch eine Verbindung zwischen V. 2 und 21,12: das verlaufene Tier und die geliebte Kriegsgefangene sollen in den Innenraum des Hauses *(ᵓæl tôk bêtækā)* gebracht werden. Dieser Präpositionalausdruck findet sich im Alten Testament nur an den genannten zwei Stellen.
Eine Schlüsselfunktion für die Diskussion redaktioneller Zuordnung von Einzelgesetzen zu bestimmten Dekalogsgeboten kommt 22,6–7 zu. Die Verse untersagen beim Ausheben eines Vogelnestes, *'em ᶜal bānîm* die „Mutter über“ – d. h. zusammen mit – „(ihren) Jungen“ zu nehmen, das heißt zur eigenen Nahrung zu töten. Die Wendung ist nach Gen 32,12 und Hos 10,14 Ausdruck völliger Vernichtung. Dieses Verbot gehört somit zur „Kommentierung“ des 5. Dekalogsgebotes. Dagegen bringen freilich fast alle Ausleger[42] bis in die jüngste Zeit[43] den Schutz der Vogelmutter mit dem Elterngebot, also dem 4. Dekalogsgebot, in Verbindung. Sie verweisen dazu auf die Verheißung in Dtn 22,7 „damit es dir gut geht und du lange lebst“, die in 5,16 dem Ehren menschlicher Eltern zugesprochen werde. Dieselbe Zusage mit den beiden Verben *yṭb* und *'rk* hi. findet sich sonst nur noch in 4,40. Zwar wird sie hier in zerdehnter Form gebraucht, bildet jedoch die einzige echte Parallele zu 22,7. Denn nur in 4,40 und 22,7 ist das angeredete Israel das Subjekt von *'rk* hi., während es in 5,16 die „Tage“ sind. Außen kehrt die Motivation des Elterngebotes in 5,16 die Abfolge der Verben gegenüber 4,40 und 22,7 um, führt also zuerst das Langwerden der Lebenstage und dann erst das Wohlergehen an. Im übrigen erscheint die Formel im Zusammenhang mit Einzelgebo-

[40] Beachtenswert ist überhaupt der häufige Gebrauch von *dām* in Kapitel 19 und 21,1–9.
[41] Zu Dtn 22,8 vgl. die Bestimmungen über fahrlässige Tötung in Ex 21,33–34 im Kontext von Gesetzen über Tötung und Körperverletzung in 21,12–36.
[42] Eine Ausnahme bildet zum Beispiel *Craigie, Deuteronomy*, 288f. Er äußert sich aber nicht zu V. 7b.
[43] Zuletzt *Keel, Böcklein*, 44.

ten, die fordern, „das Leben bzw. die Träger des Lebens zu respektieren“[44]. Das Gesetz, das in 22,6–7 das Ausheben eines Vogelnestes regelt, ist also nur dem 5. Dekalogsgebot zuzuordnen.[45] Damit hat aber die These von *Guilding*, kommentiert würden stets Gebotspaare des Dekalogs – in diesem Fall das 4. und 5. Dekalogsgebot – ihren einzigen Anhaltspunkt in 22,1–12 verloren.[46] Die Gesetze 22,1–3.4.6–7.8 gehören zum Sachbereich des Tötungsverbotes.

(4) Dagegen zählen die Gesetze in 22,5.9–11.12 zum folgenden Sachbereich des 6. Dekalogsgebotes. Möglicherweise handelt es sich bei ihnen um altes Sakralrecht.[47] Die Geschlechtermischung durch Kleidertausch 22,5 wird vom Text selbst als *tôᶜᵃbat YHWH* „Greuel für YHWH“ bezeichnet.[48] Die Zugehörigkeit zum Bereich des 6. Dekalogsgebotes signalisiert für das Travestieverbot der Ausdruck *śimlat ʾiššâ. śimlâ* spezifisch für Frauenkleidung wird nämlich nur noch in 22,17 verwendet (beachte *ʾiššâ* in V. 16),[49] der gesetzlichen Vorkehrung bei Beschuldigung der Ehefrau wegen vorehelichen Geschlechtsverkehrs. Die Tabus bestimmter Kombinationen in 22,9–11 lassen einen konnotativen Bezug „zu religiösen und speziell sexuellen Vermischungen“ erkennen.[50] So ist der „Weinberg“, von dem V. 9 spricht, auch ein Topos der Liebessprache. Die untersagte Einsaat dürfte daher vom Redaktor unter sexuellem Aspekt (vgl. Sir 26,20) aufgefaßt worden sein. Nach Dtn 22,10 sollen Rind und Esel nicht einmal zu gemeinsamer Arbeit zusammengebracht werden; die Parallele in Lev 19,19 verbietet nur das Begatten zweier Tiere verschiedener Art. Auffallend ist, daß dieses Verbot einer Bastardisierung von Tieren und von anderen Vermengungen in Lev dem Gesetz über die Unzucht der Nebenfrau eines anderen vorausgeht (19,20–21). In Dtn 22,12 könn-

[44] *Merendino, Gesetz,* 256.

[45] Zum Zweck dieser Bestimmung s. *Craigie, Deuteronomy,* 288f.

[46] Gegen *Guilding,* „Notes,“ 47f, bes. 48. Eigenartigerweise grenzt er den Textblock, der dem Elterngebot und Tötungsverbot entsprechen soll, mit 16,18–22,8 ab, während der nächste Block erst mit 22,13 beginnt. Die V. 9–12 bleiben somit ohne weitere Begründung unberücksichtigt.

[47] So viele Erklärungen dieser Verse.

[48] S. dazu *Römer,* „Randbemerkungen“.

[49] Im engeren Kontext sprechen 21,13 ausdrücklich von *śimlat šibyāh,* 22,3 und 24,13 von *śimlātô.*

[50] *Steuernagel, Deuteronomium,* 132. Auch *Carmichael,* „Forbidden mixtures,“ rechnet mit einer sexuellen Bedeutung. Ihre Entstehung begründet er jedoch mit „kryptischen Bemerkungen Jakobs über die Handlung seiner Söhne“ (a.a.O. 411). Das sind phantasievolle Vermutungen, denen man exegetisch kaum folgen kann.

ten die Wörter *k^e^sût* „Bedeckung“ und *ksh* pi. „bedecken“, die in der Parallele Num 15,37–41 fehlen, die Intention des Redaktors verraten: das Verdecken der Blöße. Denn *k^e^sût,* das im Dtn nur hier begegnet, bezeichnet wie in Ex 22,26 die Decke, die vom Armen als Mantel (*śimlâ* – vgl. Dtn 24,13) über den bloßen Leib getragen wird; ebenso in Ijob 24,7; 31,19 und metaphorisch in 26,6. *ksh* pi. aber wird im Dtn nur mehr in 23,14 für das Bedecken der Notdurft verwendet. So dürften die Quasten einfach die Zipfel des viereckigen Gewandfleckens beschwert und herabgezogen haben, um „den Leib also, und besonders die Scham vor Entblößung zu schützen“[51]. Eine Rationalisierung wie in Num 15,38–40 erschien daher unnötig.

Nicht nur der Inhalt, sondern auch das Motiv des Gewandes verbindet diese drei (beziehungsweise fünf) Gesetze mit dem jeweils ersten Gesetz der beiden Hauptteile des Sexualrechts (22,13–23,15), nämlich mit 22,13–21, in dem das Hochzeitsgewand den entscheidenden Realbeweis liefert, und mit 23,1, dem Verbot, das Bett(tuch) des Vaters aufzudecken. Im speziellen schließlich verklammert der Ausdruck *śimlat 'iššâ* „Frauenkleidung“ in 22,5 das erste Gesetz des zum 6. Gebot gehörenden Übergangstextes mit 22,13–21, dem Beginn des „Frauenteiles“. Ebenso verbindet *kānāp* für den Zipfel des männlichen Überwurfes[52] in 22,12 dieses letzte Gesetz des Übergangstextes, mit 23,1, dem ersten Gesetz des „Männerteiles“, wo das Wort für den Zipfel des väterlichen Bettes steht. *kānāp* ist im Dtn sonst nur mehr in 27,20, und zwar in der gleichen Wendung wie in 23,1, belegt.[53]

[51] So schon *Schultz, Deuteronomium,* 559 (s. auch a.a.O. 559f zu entsprechenden jüdischen Anschauungen und Sitten); neuestens *Phillips, Deuteronomy,* 147.

[52] 22,12 ist an den israelitischen Mann adressiert.

[53] Die systematische Verteilung der beiden Bezüge spricht gegen den Hinweis von *Rofé,* „Laws,“ 273, das viereckige Tuch erinnere an den Eheakt als Ausbreiten des Gewandes über die Frau (vgl. Rut 3,9) und erkläre den Anschluß der vier Ehegesetze in 22,13–29. Auch läßt sich aus der Wortklammer *kānāp* in 22,12 und 23,1 wohl nicht – wie *Rofé* (a.a.O.) als Frage aufwirft – folgern, 22,12–29 könnte erst sekundär eingefügt worden sein.

VII. Dtn 22,13–23,15 – Sechstes Gebot: Die Würde von Frau und Mann schützen

22,13–23,15 bildet den kompakten Haupttext der auf das 6. Dekalogsgebot (5,18) bezogenen Gesetze. Er ist in die beiden Gesetzesgruppen 22,13–29 und 23,1–15 gegliedert. Diese Aufteilung wird zunächst von der Wendung *lqḥ 'îš 'iššâ* „zur Frau nehmen" angezeigt, die im Dtn in der Form eines Bedingungssatzes nur in 22,13 (und 24,1.5) und im Prohibitiv nur in 23,1 belegt ist. Sie wird indirekt durch die in sich geschlossene Thematik und Struktur von 22,13–29 bestätigt. Im übrigen gelten die Gesetze des ersten Teils (22,13–29) der (sexuellen) „Würde" einer Frau, während sich jene des zweiten Teils (23,1–15) vor allem an der (sexuellen) „Würde" des Mannes orientieren. Beides ist mit der „nationalen Würde" Israels (22,19.21.22) beziehungsweise der Versammlung Jahwes (23,2–9) und des Lagers Israels (23,10–15) verbunden. Es ist interessant, daß auch das Eherecht des Kodex Hammurapi zuerst die Treuepflichten der Frau und dann die Pflichten des Mannes, darunter auch jene für den Fall der Scheidung, anführt.[1]

Zum Bereich des 6. Dekalogsgebots gehören auch die Gesetze in 22,5.9–12 und in 23,18–19; 24,1–5. Redaktionell leiten sie einerseits zum Korpus der Sexualgesetze über, andererseits verzahnen sie es mit dem 7. Dekalogsgebot. Analog zum Struktursignal in 22,13; 23,1 und 24,1.5 beginnen 22,5 und 23,18 mit dem Prohibitiv *lo' y/tihyæh* „er/sie soll nicht...". Wenn im Travestieverbot 22,5 die Frau vor dem Mann und im Prostitutionsverbot 23,18–19 die „Frauen Israels" vor den „Männern Israels" wie der „Dirnenlohn" vor dem „Hundegeld" angeführt werden, dann spiegelt sich in dieser Abfolge der Geschlechter vielleicht die Reihung des Frauenteils (22,13–29) vor dem Männerteil (23,1–15) im zentralen Bereich der Sexualgesetze. Die drei Texte 22,5.9–12; 23,18–19 und

---

[1] S. dazu *Petschow*, „Codex Hammurabi," 160f. In dieser Reihenfolge komme „vielleicht zugleich die Unterordnung der Frau in der Ehe" zum Ausdruck (a.a.O. 160 Anm. 88). Nach *Rofé*, „Family and Sex Laws," betrifft die von ihm als „Familien- und Sexualgesetze" bezeichnete Gesetzesgruppe – Dtn 21,15–17; 21,18–21; 22,13–27; 22,28–29; Ex 22,15–16; Dtn 24,1–4; 25,11–12; Ex 21,22–25 – mit Ausnahme des (sekundären) Gesetzes 21,18–21 – Frauen: „The original material formed a block of women's laws, a fairly homogeneous tractate in terms of content and style. The Ancient Near East offers a salient analogy to this reconstructed tractate: Tablet A in Middle Assyrian Laws, which deals entirely with women's topics." (135) A.a.O. Anm. 10 verweist *Rofé* auf eine ähnliche Gesetzessammlung im Kodex Hammurapi: „from section 127 on one finds 38 laws concerning women".

24,1–5 sind durch die *tô^c^ebâ*-Formel miteinander verklammert. Sie beschließt in 22,5 das erste Gesetz im Übergangsbereich vom 5. zum 6. Dekalogsgebot, in 23,19 und 24,4 Gesetze, die das 6. mit dem 7. Dekalogsgebot verbinden. Dabei steht sie auch in 24,1–4.5 wie in 22,5.9–12 am Ende des ersten Gesetzes der Gesetzesgruppe; 23,18–19 wird – wie auch *gam š^e^nêhæm* „auch diese beiden (Dinge)" betont –[2] als ein einziges Gesetz betrachtet. Die *tô^c^ebâ*-Formel fungiert somit im Rahmen der Redaktion als ein Struktursignal.

1. Dtn 22,13–29

(1) Leitwort dieser Sammlung von Sexualdelikten ist das in jedem Fall oder Gegenfall mindestens einmal verwendete *mṣ'* q. „entdecken" bezie-

---

[2] Nach *Merendino, Gesetz,* 287, hat der Redaktor „diese beiden Dinge" „logisch und syntaktisch nicht mehr speziell auf die beiden Personen von V. 18, noch auf die zwei Objekte von V. 19a, sondern global auf die zwei Sachverhalte V. 18 und V. 19a" bezogen.

[3] *Fishbane,* „Accusations," 26 Anm. 4 spricht von *mṣ'* als „legal ‚catch-word'", in „Colophons," 448 vom „structural link between the various sex laws... joined to the significant variable of public vs. private occurrence. What is private must be proved publicly, and what is public, must be found or witnessed – and not simply attributed". Dagegen hat *Daube,* „Culture," 43–50, und *ders.,* „Doing Wrong," 1–13 *mṣ'* in 22,22 von den übrigen acht Belegen des Verbs isoliert und in der Wendung *kî yimmāṣe'* im Sinn von „to be seen" den Ausdruck einer sonst nur noch in 17,2; 21,1 und 24,7 bezeugten, typisch deuteronomischen „shame culture" entdeckt. Diese Hypothese wurde von *Dempster,* „Formula," 188–211, überzeugend widerlegt.

[4] Nach *Ceresko,* „Functions," 557f, dient gerade die Paronomasie, das Spiel mit verschiedenen Nuancen von *mṣ'*, der Vereinheitlichung und Ordnung der Gesetze. Dazu setzt *Ceresko* zwei Homonyme *mṣ'* voraus, die im Titel seines Aufsatzes zum Ausdruck kommen. Die Bedeutung von *mṣ'* = „overtake", die er (257 Anm. 32) aufgrund von 22,25.28 annimmt, ist jedoch unwahrscheinlich. An beiden Stellen heißt *mṣ'* nur „begegnen" und impliziert kein Tätlichwerden. Denn dieser Aspekt muß jeweils durch ein weiteres Verb – *ḥzq* hi. „festhalten" (V. 25) beziehungsweise *tpś* „packen" (V. 28) – eigens ergänzt werden. Es dürfte somit in 22,13–29 kein Wortspiel mit verschiedenen Bedeutungen von *mṣ'* vorliegen. Der Ordnungseffekt aber, den das Verb in diesem Text haben soll, wird bereits von einer Reihe anderer Stilmittel bewirkt.

[5] Mein Dispositionsaufriß schließt mehrfach an *Wenham/McConville,* „Drafting Techniques," 248–252, an. Obwohl 22,13–29 „bears clear signs of careful drafting, which also argues for its essential unity" (248f), ist damit aber eine unterschiedliche Vorgeschichte der einzelnen Bestimmungen keineswegs ausgeschlossen. S. weiter dazu unten. Die beiden Autoren entfalten die Anordnung der Gesetze unter den folgenden vier Gesichtspunkten: „the formal structure of each

hungsweise ni. „entdeckt werden“ (22,14.17; 22,20; 22,22; 22,23; 22,25.27; 22,28a.28b).[3] An sieben dieser Stellen ist *mṣ*ʾ mit *ʾîš* als Subjekt verbunden (22,14.17.22.23.25.27.28) – eine Belegzahl, durch die das Dtn auch sonst ihm wichtige Wendungen beziehungsweise Wörter auszeichnet. Die Einheitsübersetzung muß – wie andere Übersetzungen – das Verb kontextbedingt durch „entdecken“, „begegnen“, „sich beibringen lassen“ beziehungsweise „ertappt werden“ wiedergeben. Trotzdem hat *mṣ*ʾ in diesem Text wahrscheinlich nicht mehrere Bedeutungen, sondern nur verschiedene Bezeichnungsfunktionen.[4] Im übrigen verstärkt *mṣ*ʾ bloß eine inhaltlich und stilistisch auch durch andere Wortwiederholungen bereits gegebene Ordnung.

(2) Das wichtigste Aufbauprinzip[5] ist die eherechtliche Stellung der betroffenen Frauen: auf drei Fälle mit verheirateten Frauen

---

law, the logical order of the cases, the chiastic order of punishment, and the triadic division of the whole section“ (249). Dazu einige kritische Anmerkungen, die ich zum Teil Hinweisen von *Locher* verdanke.

Zu 1) Daß jeder Fall die gleichen fünf Elemente enthält oder zumindest voraussetzt, läßt sich nicht nachweisen. Bei den angeführten „Umständen“ (zweites Element) werden zu unterschiedliche Fakten kategorisiert. So beschreibt zum Beispiel V. 22 keine Begleitumstände, sondern nur die Tat. Von den Autoren unberücksichtigt bleiben die beiden Sätze *wᵉhæḥᵃzîq bāh* (V. 25) und *ûtᵉpāśāh* (V. 28), obwohl sie juristisch entscheidende Tatbestandsmerkmale enthalten. Was den erforderlichen „Beweis“ (drittes Element) betrifft, so sagt der Text bewußt nicht, daß die verlobte Frau und ihr Liebhaber beziehungsweise Vergewaltiger in den beiden entgegengesetzten Fällen V. 23–24 und V. 25–27 *in flagranti* ertappt werden müßten. Zumindest V. 25–27 setzt gerade voraus, daß niemand Zeuge der Tat sein kann.

Zu 2) Zwar werden formal jeweils drei Fälle zu einer Gesetzesgruppe zusammengeschlossen, doch lassen sich diese nicht einfach in den Gegensatz „verheiratete – unverheiratete Frauen“ (249, 250) zwängen. Das Dreierschema steht nämlich zu dem juristisch relevanten Gegensatz zwischen einer verheirateten beziehungsweise verlobten (V. 13–27) und einer ledigen Frau (V. 28–29) in Spannung. Daß dieser Gesichtspunkt eine Rolle spielt, zeigt sich zum Beispiel daran, daß die verlobte Frau in V. 24 als *ʾešæt reᶜehû* bezeichnet wird. S. weiter unten. Der Hinweis auf das Stadttor im ersten und vierten Gesetz (250) ist zu undifferenziert: in V. 15 ist es Gerichts-, in V. 24 dagegen Hinrichtungsort.

Zu 3) Daß der allgemeine Fall des Ehebruchs (V. 22) nicht am Anfang, sondern erst an dritter Stelle angeführt wird, dürfte nicht primär von der chiastischen Struktur, die auf den Strafzumessungen aufbaut, verursacht sein (gegen 250). Wahrscheinlicher ist eine entstehungsgeschichtliche Erklärung der Abfolge (s. dazu unten).

Zu 4) Die Strukturanalyse von Kapitel 21 bleibt zu oberflächlich. Die beiden Dreiergruppen von Fällen können deshalb trotz einzelner Gemeinsamkeiten nicht mit jenen von 22,13–29 verglichen werden (gegen 251).

(22,13–19.20–21.22) folgen zwei mit verlobten Frauen (V. 23–24.25–27) und am Ende ein Fall mit einer noch ledigen Frau (V. 28–29). Der Status wird jeweils bei der Beschreibung des Tatbestandes definiert (in V. 20–21 wird er aus V. 13–19 vorausgesetzt). Formal sind die sechs kasuistischen Gesetze in zwei Dreiergruppen geordnet. Jede beginnt mit einem Doppelgesetz aus Fall und Gegenfall: Es behandelt einen unbegründeten und einen begründeten Vorwurf des vorehelichen Geschlechtsverkehrs der Frau, der durch ihren Ehemann erst nach der Heirat erhoben wird (V. 13–19.20–21), beziehungsweise einen Geschlechtsverkehr mit einem verlobten Mädchen innerhalb der Stadt oder auf freiem Feld (V. 23–24.25–27). Dazu kommt ein chronologischer Aspekt: Der Ehebruch des dritten Gesetzes (V. 22) geht zeitlich über das Delikt von V. 13–21 hinaus – er geschieht erst später nach der Heirat; die Verführung im sechsten Gesetz (V. 28–29) geht zeitlich hinter das Delikt von V. 23–27 zurück – sie geschieht bereits vor der Verlobung. Darüber hinaus vermerken nur diese beiden Fälle das „Ertappt-werden“. Die Straffestsetzungen sind auch formulierungsmäßig aufeinander abgestimmt. Dabei dominiert eine palindromische Anordnung:

A hundert Silberschekel Geldbuße an den Vater der Frau, die Ehefrau bleiben muß; Scheidungsverbot (V. 19)
B Steinigung der Frau, so daß sie stirbt – *biʿartā*-Formel (V. 21)
C Mann und Frau sollen sterben – *biʿartā*-Formel (V. 22)
C' Steinigung von Mann und Frau, so daß sie sterben – *biʿartā*-Formel (V. 24)
B' der Mann soll sterben (V. 25)
A' fünfzig Silberschekel an den Vater der Frau, die Ehefrau werden muß; Scheidungsverbot (V. 29)

Gerade diese sorgfältige Systematisierung läßt scheinbare Unregelmäßigkeiten bei einzelnen Strukturelementen umso deutlicher erkennen. Sie können aus dem üblichen altorientalischen Rechtsdenken und seiner juristischen Sprachökonomie erklärt werden.

a) V. 20–21 übergeht den Familienstand der Frau – er ist offenkundig vom ersten Fall des Doppelgesetzes vorausgesetzt.[6]

b) Weil der soziale Status schon beim Tatbestand genannt ist, können dann die Straffestsetzungen in fünf Gesetzen undifferenziert von *naʿarâ* „Mädchen“ (V. 19.21.24.26.29) reden. Nur beim Ehebruchsdelikt wird nochmals verdeutlicht, daß es sich um eine *ʾiššâ* (V. 22) handelt.

---

[6] So auch *Wenham/McConville*, „Drafting Techniques,“ 249.

c) Die herkömmliche Weise der Hinrichtung dürfte die Steinigung (vgl. V. 21; V. 24), ihr traditioneller Ort das Tor der Stadt (V. 24) gewesen sein. 22,13–29 erwähnt beides nur, wenn von diesem Brauch abgewichen oder die Entsprechung von Tatort und Strafort besonders bewußt gemacht werden soll: Eine bei der Heirat nicht mehr unberührte Frau wird nicht im Stadttor gesteinigt, obwohl dort zu Gericht gesessen wird (V. 15), sondern vor der Tür ihres Vaterhauses (V. 21) – eine drastische Beschämung des mitverantwortlichen Vaters (vgl. V. 15–19). Wie eine Vergewaltigung einer verlobten Frau zu beurteilen ist, hängt wesentlich auch von dem Ort ab, an dem sie geschieht – in der Stadt (V. 23) oder auf freiem Feld (V. 25.27). Nur wenn das Delikt in der Stadt begangen worden ist, nennt die Straffestsetzung eigens *šaᶜar hāᶜîr hahiʾ* „das Tor dieser Stadt" (!) als Ort der Hinrichtung (V. 24).

d) Sexualdelikte sind gesellschaftlich relevant. Deshalb werden sie ja im Gesetzeskodex behandelt. Nach deuteronomischem Recht gilt das vor allem von der Rufschädigung einer Ehefrau, ferner bei vorehelichem Geschlechtsverkehr und bei Ehebruch. Denn in diesen drei Fällen spricht es ausdrücklich von *bᵉtûlat yiśrāʾel* „Jungfrau Israels" (V. 19), *nᵉbālâ bᵉyiśrāʾel* „Schandtat in Israel" (V. 21) und vom Ausrotten des Bösen *miyyiśrāʾel* „aus Israel" (V. 22), unterstreicht also den Bezug zum ganzen Volk. Obwohl die *biᶜartā*-Formel nur in V. 22 mit Israel verbunden wird und in V. 24 einfach vom Ausrotten *miqqirbækā* „aus deiner Mitte" spricht, ist das öffentliche Interesse sicher auch bei der Vergewaltigung einer Verlobten mit (und ohne) deren Zustimmung (V. 23–24 beziehungsweise V. 25–27) vorausgesetzt. Trotzdem wird Israel nur dort erwähnt, wo dieser Zusammenhang offenbar als besonders wichtig erscheint.

e) Die Vergewaltigung einer Verlobten gegen ihren Willen ist zwar ein Kapitalverbrechen, dennoch wird die *biᶜartā*-Formel in V. 25 nicht wiederholt. Sie gilt aber analog zu V. 24 auch für diesen Gegenfall des Doppelgesetzes. Vielleicht fehlt die Formel auch deshalb, weil sie an ihrem üblichen Ort, nämlich am Ende des Gesetzes, in V. 27 nicht gut zum Kontext passen würde.

Die Redaktion von V. 13–29 hat also die einzelnen Rechtssätze offenbar so systematisiert, daß sie nur als Teile der ganzen Sammlung richtig ausgelegt werden können.[7] Wie maßgeblich dabei die Rolle des Analogieden-

[7] Vgl. damit zum Beispiel die gegenseitige Interpretation der einzelnen Gesetze der Eherechtssammlung des Kodex Eschnunna, wie sie *Otto, Rechtsgeschichte,* 21–37, besonders 31 f, herausgearbeitet hat. Im übrigen müßte die deuteronomische Rechtssammlung im Kontext des altorientalischen Gewohnheitsrechts gesehen werden – s. dazu zum Beispiel *Westbrook, Studies,* 4–8.

kens ist, illustriert schließlich V. 26. Hier wird nämlich zum einzigen Mal im AT eine Gesetzesanalogie sogar explizit gemacht: Das Todesurteil gegen den Gewalttäter wird mit dem Präzedenzfall vorsätzlicher Tötung (vgl. 19,11) gerechtfertigt.

Die Gesetzesgruppe ist somit trotz scheinbarer Unregelmäßigkeiten literarisch äußerst homogen gestaltet. Dennoch ist damit eine Entstehung in mehreren Etappen keineswegs ausgeschlossen. *Locher* hat nämlich in einer umfassenden Studie[8] gezeigt, daß 22,13–19 auf einen schriftlich festgehaltenen, realen Gerichtsfall zurückgeht. Das alte Prozeßprotokoll wurde nachträglich (aber schon vor der Aufnahme ins Dtn) zu einem kasuistischen Gesetz umgeformt und dabei durch den Gegenfall V. 20–21 ergänzt. *mṣ'* fungierte möglicherweise bereits im Protokoll als Schlüsselwort, so daß die übrigen Fälle daran anknüpfen konnten. 22,22 enthält eine Rechtsnovelle: Auch die Ehebrecherin trifft künftig die Todesstrafe. 22,23–29 sind das Ergebnis systematischer Gesetzesproduktion. Die Anordnung beginnt also mit den Gesetzen, die am stärksten durch frühere Quellen geprägt sind, und endet mit später gemachten Gesetzen.[9]

(3) Wie immer die Entstehungsgeschichte von 22,13–29 auch verlaufen sein mag, der Aufbau der Sammlung entspricht sowohl den juristischen Differenzierungen als auch der Gesetzesdisposition altorientalischer Rechtssammlungen. Ihr Sexualrecht unterscheidet erstens, ob die Frau verheiratet oder unverheiratet ist, wobei für die Straffolgen die verlobte Frau einer verheirateten gleichgestellt wird; zweitens innerhalb dieser Ka-

[8] *Ehre,* 83–109 – im Anschluß an eine Bemerkung von *Rofé,* „Laws," 19–36 (hebr.), 31, worauf *Locher,* a.a.O. 108 verweist.

[9] *Phillips, Criminal Law,* 115. Die Entstehung von Dtn 22,13–29 entspricht dem stufenweisen Prozeß, in dem Gesetzesgruppen beziehungsweise altorientalische Rechtskodizes entstehen – s. dazu zum Beispiel *Westbrook,* „Law Codes," bes. 258–264. Nach *Rofé,* „Family and Sex Laws," 135–143, hat der Redaktor, der die „Frauengesetze" und damit auch 22,13–19.22–29 in das Dtn einbrachte, 22,20–21 – eine Novität in der biblischen und altorientalischen Gesetzgebung – hinzugefügt. Dagegen sieht *Otto,* „Soziale Verantwortung," die Rechtssätze Dtn 22,13–21a.22a.23.24a (rekonstruiert).25.27.28–29 als vordeuteronomische Überlieferung an. Innerhalb der literar- und redaktionskritisch geschlossenen, in sich systematisch aufgebauten Rechtssätze 22,22–29* „fungiert Dtn 22,22a als Grundsatzerklärung *(lex generalis),* die Dtn 22,23.24a.25.27 differenziert und von Dtn 22,28f begrenzt wird. Dieser Struktur folgen auch die Apodosen... Diese Redaktionstechnik der Verzahnung analoger, d.h. Parallelität und Differenzen in Protasen und Apodosen vermittelnder Rechtssätze ist im keilschriftlichen Eherecht wie im israelitischen ‚Bundesbuch' breit belegt".

tegorien, ob eine (freie) Frau zu einem Geschlechtsakt gezwungen wurde oder ob sie ihm zugestimmt hat.[10] Bei der Abfolge der Gesetze werden gewöhnlich Rechtsfälle, die im Zusammenhang mit Verträgen stehen, von außervertraglichen Rechtsbeziehungen oder unerlaubten Handlungen getrennt und ihnen vorgereiht.[11] Dieses Prinzip wird im Kodex Eschnunna in den § 25–31 wie im Dtn auf das Eherecht angewendet:[12] Zuerst behandeln die § 25–30 „Ehe(vertrags)recht"[13] – im Zusammenhang der vermögensrechtlichen Regelung des Brautgeldes und in chronologischer Folge von angefangener Ehe (§ 25), Entführung und Defloration der Braut durch einen Dritten bei einer angefangenen Ehe (§ 26), Definition einer Ehefrau und der Eheschließungserfordernisse (§ 27 bei unfreiwilliger, § 28 bei freiwilliger Abwesenheit des Mannes), Ehebruch (§ 28) und Wiederheirat einer Ehefrau (§ 29, 30)–, danach § 31 den unerlaubten Geschlechtsverkehr mit einer fremden Sklavin.
Vielleicht ist die juristische Gedankenführung sogar noch stärker „kanonisiert" gewesen. Das Eherecht des Kodex Hammurapi[14] knüpft nämlich an das Delikt der üblen Nachrede der Unzucht einer Ehefrau in § 127 (vgl. die Beschuldigungstatbestände in den § 131 und 132) an, das in 22,13–21 sein Gegenstück hat. Nach der „‚Definition' des Begriffs Ehefrau"[15] in § 128 folgen in den § 129 und 130 – wie in Dtn 22,22 und 22,23–27 – die *in flagranti* entdeckten Kapitaldelikte des Ehebruchs und der Vergewaltigung einer verlobten Frau.

(4) Dtn 22,13–29 zeigt jedenfalls, daß Gesetze zugleich nach mehreren Dispositionstechniken miteinander verknüpft werden konnten. Diese Möglichkeit ist auch aus der Rechtskodifikation des Alten Orient bekannt.[16] Zusammengefaßt geht es dabei um folgende Ordnungsprinzipien: Die Gesetze werden nach dem sozialen Stand der betroffenen Frauen – verheiratet, verlobt, ledig – gereiht. Dabei geht das Vertragsrecht der außervertraglich unerlaubten Handlung voraus. Gesetze des gleichen Sachgebietes stehen einander als Fall und Gegenfall gegenüber. Außerdem sind die Übereinstimmungen zwischen den Straffestsetzungen aller Delik-

---

[10] *Finkelstein,* „Sex Offenses," 366.
[11] *Petschow,* „Codex Hammurabi," 171f; *ders.,* „Eschnunna," 142f.
[12] *Petschow,* „Eschnunna," 137f und 143 Anm. 1; vgl. *Otto,* „Rechtssystematik," 186f.
[13] Die Bezeichnung stammt von *Petschow,* „Eschnunna".
[14] Zur Anordnungsweise s. *Petschow,* „Codex Hammurabi," 158–160.
[15] *Petschow,* „Codex Hammurabi," 160.
[16] *Petschow,* „Codex Hammurabi," 160 Anm. 85; a.a.O. 170 Anm. 139; *ders.,* „Eschnunna," 134 Anm. 3.

te weitgehend chiastisch angeordnet.[17] Die Gesetze sind also auch nach der Art ihrer Sanktionen kodifiziert. Andere Aspekte wie die Chronologie der Delikte und die Entdeckung *in flagranti delicto* fügen sich in dieses Schema ein. Außerhalb der klassischen altorientalischen Gesetzessystematisierungen[18] dürfte die Entstehungsgeschichte der einzelnen Abschnitte die Abfolge mitgeprägt haben:[19] Vorgegebene Gesetze stehen zu Beginn, später promulgierte werden daran angeschlossen. Das ebenfalls aus der Vorlage übernommene Leitwort *mṣ'* fungiert dabei als Wortklammer. Eventuell hat auch eine in der altorientalischen Rechtswissenschaft „traditionelle" Verknüpfung bestimmter Fälle einen Einfluß ausgeübt.

2. *Dtn 23,1–15*

(1) Die Zuordnung von 23,1 ist diskutiert. Meistens wird das Gesetz noch zur Sammlung 22,13–29 gerechnet, auch wenn man seinen Übergangscharakter betont.[20] 23,1 verbietet dem Sohn eine Eheschließung mit einer Frau seines Vaters. Damit knüpft das Gesetz zwar thematisch an das vorausgehende Sexualrecht, speziell seine Rahmengesetze, an, in denen es um die bereits verheiratete (22,13–21) beziehungsweise zu heiratende Tochter (22,28–29) geht. Doch ist 23,1 an den Sohn adressiert, der seine Stiefmutter nicht ehelichen darf. Dadurch paßt das Verbot besser zu den Gesetzen von 23,2–15, die ganz auf den Mann ausgerichtet sind. Dazu kommt, daß die beiden Prohibitive in 23,1 sich auch syntaktisch von den kasuistischen Bestimmungen in 22,13–29 unterscheiden, aber in den apodiktischen Verboten von 23,2–9 auch eine formale Fortsetzung finden. Die thematische Verbindung von 23,1 mit den anschließenden Gesetzen könnte besonders eng sein, wenn 23,1b keine Parallele zu 23,1a bildet, sondern überhaupt den Geschlechtsverkehr des Sohnes mit seinem Vater

[17] Nach *Otto*, „Rechtssystematik," 197, ist die „chiastische", also palindromische, Anordnung von Rechtssätzen eine „spezifisch altisraelitische Redaktionstechnik..., die keine Parallele im Keilschriftrecht hat". Sie betrifft in Dtn 22,13–29 allerdings nur die Strafbestimmungen.

[18] S. dazu *Petschow*, „Codex Hammurabi," 170f.

[19] S. dazu *Petschow*, „Codex Hammurabi," 159 mit Anm. 81–82.

[20] So faßt zum Beispiel *Kaufman*, „Structure," 138f, Dtn 22,13–23,1 als Einheit auf und erklärt 22,12 als Bindeglied zwischen 22,9–11 und 22,13–23,1, während 22,29 (Stichwort „Vater") 22,13–23,1 mit 23,2–9.10–15 verklammere.

untersagt (vgl. Lev 18,7a).[21] Das Gesetz könnte sich dann konkret gegen kanaanäische Praktiken richten (vgl. Gen 9,24)[22] und läge damit auf einer Linie mit den Verboten in 23,2–3, die sich ebenfalls auf sexuelle Bräuche der Kanaanäer beziehen dürften.[23] Daß 23,1 nicht die Sammlung der Ehegesetze abrundet, sondern einen Neueinsatz innerhalb der Bestimmungen des 6. Dekalogsgebots signalisiert, ergibt sich schließlich – wie schon früher erwähnt – aus den Stichworten *lqḥ ʾîš ʾiššâ* (23,1a – vgl. 22,13) und *kānāp* (23,1b – vgl. 22,12), die zuvor an der Schnittstelle zwischen dem Übergangstext (22,5.9–12) und dem Eherecht verwendet werden. Hätte der Redaktor 23,1(a) noch mit 22,22–29 verknüpfen wollen, hätte er dafür wohl die Formulierung gewählt, die in Dtn 27,20 (vgl. Lev 20,11) vorliegt, und statt *lqḥ* „nehmen" die Wendung *škb ᶜim* „sich hinlegen mit..." gebraucht. Denn *škb ᶜim* ist ein Leitwort der vorausgehenden Sammlung. Es wird in Dtn 22,22–29 sieben Mal (V. 22.22.23.25. 25.28.29) verwendet und ist dadurch als Schlüsselwort markiert. Allerdings hätte 23,1 dann nicht mehr den Eheschluß, sondern jeden sexuellen Verkehr mit der Stiefmutter verboten.
Die Stellung von 23,1 könnte auch von der altorientalischen Rechtstradition beeinflußt worden sein. Im Kodex Hammurapi folgt nämlich auf das Eherecht eine Gruppe von Paragraphen über Inzest zwischen Verwandten und Verschwägerten ersten Grades (§ 154–158), die damit zugleich unausgesprochene Eheverbote enthalten.[24] Dtn 23,1 hat in den § 157–158 eine Analogie.

(2) Der Sexualaspekt der Ehe, der 22,13–29 und auch 23,1 noch bestimmt, wird in der „Reinheit" des Volkes weitergeführt. Dazu regelt zunächst 23,2–9 das Verhältnis von Abstammung und Aufnahme in die „Versammlung Jahwes". Wenn Israel dann in den Krieg zieht, verpflichtet 23,10–15, die Personen und den Ort des Heerlagers Jahwes rein zu halten. Legt 23,2–9 fest, wer grundsätzlich von der Jahweversammlung ausgeschlossen ist beziehungsweise ihr erst ab einem bestimmten Zeitpunkt angehören darf, so bestimmt 23,10–15, wer das Militärlager Israels vor-

---

[21] Das vertritt *Phillips*, „Skirt," 38–43. Er betont (39), daß Dtn 23,1 nicht von der „Parallele" 27,20a her interpretiert werden darf, wo die beiden Sätze syntaktisch nicht bei-, sondern untergeordnet sind. Auch werden Gesetze gewöhnlich nicht wiederholt. Wie Dtn 23,1 verbietet Lev 18,7a nach *Phillips* sexuelle Beziehungen zu jedem der beiden Elternteile.

[22] *Phillips*, „Skirt," 41.

[23] S. dazu unten.

[24] S. dazu *Petschow*, „Codex Hammurabi," 161.

übergehend zu verlassen hat. Dabei dient *bw'* (*lo' yābo'* in 23,2.3.4 und 23,11, *yābo'* in 23,9 und 23,12) als Wortklammer.[25]
Die Verbote von 23,2–9 sind in einer Art historischer Retrospektive arrangiert, die immer weiter in die Vergangenheit zurückblickt. Sie schreitet dabei jene Völker ab, mit denen Israel bei der Landnahme (Kanaanäer in V. 2–3)[26], auf der Wüstenwanderung (Ammoniter in V. 4.5a.7 und Moabiter in V. 4.5–6.7;[27] Edomiter in V. 8a.9) und beim Exodus (Ägypter in V. 8b.9) zu tun hatte, und bestimmt dabei ihr Verhältnis zum *q^ehal YHWH,* der „Versammlung YHWHs".[28] Die altorientalischen Kodizes kennen zwar eine chronologische Abfolge der Gesetze als formales Aufbauprinzip.[29] Daß dabei Ereignisse der eigenen Geschichte im Hintergrund stehen, ist aber ein Proprium Israels, das zum Beispiel auch die Anordnung der Ämtergesetze (16,18–18,22) prägt. Übrigens ist in 16,18–18,22 wie in 23,2–9 der „Ablauf der Geschehnisse" umgedreht. In 23,2–9 könnte der Einsatz bei den Kanaanäern im Land durch die assoziative Verbindung mit kanaanäischen Praktiken im Hintergrund von 23,1 verursacht sein.[30]
Das Dtn nennt zwar keine spezielle Funktion der Jahweversammlung. Doch dürfte sie mit dem Heerbann zusammenhängen. Deshalb kann durch Attraktion das Lagergesetz 23,10–15 anschließen. Auch läßt das, „was nachts geschieht" (V. 11), die „sexuelle Reinheit" der vorausgehen-

---

[25] Ähnlich *Rofé,* „Arrangement," 273.

[26] 23,2–3 zielt zwar auf innerisraelitische Verhältnisse, spielt aber mit der Sakralisierung des Geschlechtlichen offenbar auch auf die „kanaanäische" Religiosität an – s. dazu *Kellermann,* „Erwägungen," 37.

[27] 23,4 läßt die Ammoniter und Moabiter vermutlich wegen ihrer Herkunft aus einer blutschänderischen Verbindung (Gen 19,30–38) nicht zu. Dagegen argumentiert V. 5–6 nicht mehr kultisch-rituell, sondern historisch-ethisch.

[28] Vgl. *Kellermann,* „Erwägungen," 37, für die von ihm rekonstruierte ursprüngliche fünfgliedrige Verbotsreihe 23,2.3a.4a.8a.8b. „Sie dient der bündigen Belehrung auf die Frage nach der Gemeinschaft mit den Völkern, mit denen man bei der Landnahme und Seßhaftwerdung in geschichtlichen Kontakt getreten war... Soweit man mit ihnen in Lebensgemeinschaft existieren muß (kanaanäische Urbevölkerung), ist eine kultische Abgrenzung notwendig, an der der Landnahme-Bundes-Überlieferung besonders lag. Sofern man mit ihnen im Grenzverkehr lebt und im Kampf um Wohngebiete verwickelt ist (Moabiter, Ammoniter), bedarf es einer klaren politischen Trennung. Soweit man nichtbefeindeten Nationen in ihren einzelnen Landflüchtigen, Söldnern oder Händlern (Edomiter, Ägypter) begegnet, gilt es, das zwischenmenschliche Verhältnis zu regulieren." (a.a.O. 40f).

[29] *Petschow,* „Codex Hammurabi," 170 mit Anm. 144; „Eschnunna," 142.

[30] *Phillips, Deuteronomy,* 153.

den Gesetze assoziieren. Die geforderte Hygiene hat eine sakrale Dimension, die Personen (V. 11–12) wie Ort des Heerlagers (V. 13–14) betrifft: Die Präsenz Jahwes motiviert zu einer „Heiligkeit“, die hier in einem geziemenden körperlichen Verhalten besteht (V. 15).

3. Die redaktionelle Überleitung vom sechsten zum siebten Gebot

23,16–24,7 enthält in 23,18–19 und 24,1–4.5 Gesetze, die sexuelle Verhältnisse behandeln, also noch zum 6. Dekalogsgebot gehören. Sie wehren aber zugleich bestimmte Besitz- und Leistungsansprüche ab. Die übrigen Gesetze in 23,16–17.20–21.22–24.25–26; 24,6.7 konkretisieren das 7. Dekalogsgebot (5,19). Beide Gruppen orientieren sich nicht einfach am Eigentümer und seinem Besitz, sondern denken vom ganzen Volk und vom Jahweglauben her. Schützen die „Eigentumsgesetze“ im engeren Sinn vor allem menschliche Bedürfnisse vor einer Verdinglichung, dann die „Sexualgesetze“ die menschlichen Beziehungen. Das Diebstahlsverbot wird deshalb fast durchgehend mit Ausnahmebestimmungen von „Eigentumsansprüchen“ kommentiert.[31]

Ich habe früher 23,16–24,5 (sic) analog zu 22,1–12 als eine eigenständige Überleitung zwischen den Gesetzen des 6. und 7. Dekalogsgebots angesehen.[32] Als Kernbereich des 7. Gebotes blieben dabei zwischen der letzten Sexualbestimmung in 24,5 und dem ersten Gesetz des Gerichtsbereiches in 24,8–9 nur die zwei Gesetze in 24,6.7, während der Großteil der Eigentumsgesetze einerseits in der Überleitung (23,16–17.20–26) und andererseits am Ende der Gesetze des 8. Gebots (24,19–22; 25,4) stünden. Aufgrund der folgenden Argumente möchte ich bei 23,16–24,7 (sic) jetzt nur mehr von einer Verklammerung der Gesetze des 7. Dekalogsgebots mit dem vorausgehenden Gebotsbereich sprechen.

Folgt man der pragmatischen Gesetzesabgrenzung der Einheitsübersetzung, dann stehen in 22,1–12 vier Paragraphen des 5. Gebotes (22,1–3.4.6–7.8) drei (beziehungsweise fünf) des 6. Gebotes (22,5.9–11.12) gegenüber. Das Mengenverhältnis ist also ziemlich ausgeglichen. Dagegen sind in 23,16–24,7 die Themen „Sextum“ und „Eigen-

---

[31] Ich spreche hier und im folgenden unspezifisch von „Eigentum“, obwohl es genau genommen diesen Begriff damals nicht gegeben hat. Denn das „Eigentum ist im Alten Orient ein Herrschaftsrecht über eine Sache oder eine Person“ (*Haase, Einführung*, 113).

[32] *Braulik, Deuteronomium*, 13.

tum“ ungleichgewichtig verteilt: auf drei Sexualbestimmungen (23,18–19; 24,1–5) kommen hier sechs Eigentumsgesetze. Vom Umfang der Gesetzesgruppen her dominiert somit der Bereich des 7. Gebots. Mehr noch: in den Sexualgesetzen selbst ist das Thema Sextum sogar mit dem Thema Eigentum verschmolzen. So dürfen nach 23,18–19, dem Doppelgesetz über „Sakralprostitution“, „Dirnenlohn“ wie „Hundegeld“ nicht in den Tempelschatz. In den Ehegesetzen will 24,1–4 wahrscheinlich eine finanzielle Ausbeutung der geschiedenen Frau verhindern.[33] Und nach 24,5 darf eine Neuvermählte nicht durch öffentliche Verpflichtungen ihres Mannes um ihren ehelichen Anspruch gebracht werden. Somit zielen alle Sexualgesetze innerhalb von 23,16–24,7 auf Regelungen von Besitz und Leistung, sind also inhaltlich dem 7. Dekalogsgebot untergeordnet und kommentieren sozusagen Grenzfragen von Sexualverhalten und Gewinn. Damit unterscheidet sich die redaktionelle Technik, mit der in 23,16–24,7 die Sexual- mit den Eigentumsgesetzen verbunden sind, wesentlich von jener, die in 22,1–12 die Gesetze über die „Bewahrung des Lebens“ mit jenen über „verbotene (sexuelle) Vermischungen“ verzahnt. Denn dort sind zwei Gesetzesgruppen ohne gegenseitige inhaltliche Abstimmung ineinander geschoben, während sie auf der syntaktischen Ebene und durch subtile Stichwortverknüpfungen zu einem regelmäßig strukturierten Überleitungstext gestaltet werden. Ähnlichkeit besteht dagegen zwischen 23,16–24,7 und 16,18–17,1, dem Übergang von der Kult- und Sozialgesetzgebung (12,2–16,17) zu den Ämtergesetzen (16,18–18,22). Die Gesetze in 16,18–17,1 bilden nämlich ebenfalls keinen eigenständigen Brückentext, sondern gehören selbst schon zum Verfassungsentwurf in 16,18–18,22, den sie einleiten: 16,18–20 handelt vom Amt der Ortsrichter, während die Kultbestimmungen in 16,21–17,1 durch Formulierungsparallelen die folgenden Ämtergesetze stilistisch vorbereiten und zugleich die Richter indirekt für die Reinheit des Glaubens verantwortlich machen.

Daß 23,16–24,7 nicht wie 22,1–12 als Komposition zweier Gesetzesgruppen, sondern vor allem als Kommentar eines einzigen Gebotsbereichs verstanden werden will, zeigt sich auch an der Weise, wie dieser Abschnitt an den vorausgehenden Text anknüpft. In 22,1–12 gibt es nur zwischen den Gesetzen des jeweils gleichen Gebotsbereiches sachliche und formulierungsmäßige Bezüge, das heißt: einerseits zwischen den Gesetzen des 5. Gebotes in 22,1–3.4.6–7.8 und in den vorausgehenden Kapiteln 19–21, andererseits zwischen den Gesetzen des 6. Gebotes in

[33] *Westbrook*, „Prohibition,“ 387–405.

22,5.9–11.12 und den in 22,13–23,15 folgenden. In 23,16–24,7 beziehen sich dagegen beide Gesetzesgruppen, also Sexual- wie Eigentumsgesetze, auf den vorausgehenden Bereich der Sexualgesetze (22,13–23,15) zurück. Im einzelnen sieht das so aus. Der Sache nach regeln 23,16–17 mit dem Verbot, Flüchtlinge auszuliefern (Eigentumsthematik), und 23,18–19 mit dem Verbot sakraler Prostitution (Sexualthematik), wer zu Israel gehört, setzen also für zwei bestimmte Klassen von Menschen die Aufnahmebedingungen in die Versammlung Jahwes von 23,2–9 fort.[34] Da wie dort sind Kategorien von – ethnisch beziehungsweise ethisch – „Fremden" aneinander gereiht: Während ein aus dem Ausland geflüchteter „Sklave" wie ein Schutzbürger beheimatet werden muß (V. 16–17), darf es in Israel keine Tempelprostituierten geben (V. 18). Das „Scheidungsgesetz" 24,1–4 und das Gesetz über die Freistellung eines Neuvermählten 24,5 setzen die Paragraphen des Eherechts von 22,13–29 fort.
Außerdem sind die Sexual- wie die Eigentumsgesetze durch Stichwörter mit dem vorausgehenden Gebotsbereich (22,13–23,15) verbunden. So ist 23,16–17, das Asylrecht eines geflohenen fremden Untertans beziehungsweise Sklaven in Israel, durch den Ausdruck *b^eqæræb* „in der Mitte" und die Wurzel *nṣl* an das Lagergesetz 23,10–15 angehängt: Daß Jahwe *mithallek b^eqæræb maḥ^anækā* „sich in der Mitte deines Lagers aufhält" (V. 15), findet dann seine Fortsetzung in der Forderung an Israel, *ᶜæbæd… ^{ʾa}šær yinnāṣel ʾelǣkā* den „fremden Untertan, der bei dir Schutz sucht" (V. 16), nicht auszuliefern und *b^eqirb^ekā* „in deiner Mitte" wohnen zu lassen (V. 17).[35] Diese Assoziation konnte wahrgenommen werden, weil *nṣl* ni. „Schutz suchen" im Dtn nur in 23,16 steht und *nṣl* hi. „befreien/der Gefahr entreißen" sich außer 23,15 nur mehr in 25,11 und 32,39 findet.[36] Die kasuistischen Einleitungen *kî tābo*ʾ „wenn du… kommst" in

[34] *Merendino, Gesetz,* 292f; ähnlich *Seitz, Studien,* 252. Nach *Seitz* vermittelt 23,18 den Übergang „von den in der Sache nach zusammengehörenden Stücken 23,2–9.10–15.16–17 zu der ganz anderen Frage der Gelübdeerfüllung" (a.a.O.). Weil der Gesichtspunkt von Zulassung beziehungsweise Ablehnung bestimmter Kategorien von Menschen zu Israel in 23,20–26 fehlt, hebt *Merendino, Gesetz,* 293, diese Gesetzesgruppe als „ein selbständiges Ganzes" von 23,2–19 ab. *Mayes, Deuteronomy,* 313f, folgt für die Gliederung von 23,2–25,19 weitgehend *Merendino.* Auch er sieht 23,20–26 ohne unmittelbare Verbindung zum Kontext. Im folgenden möchte ich dagegen nachweisen, daß der Redaktor 23,16–26 als Einheit verstanden hat.

[35] 29,10 nennt *ger^ekā ^{ʾa}šær b^eqæræb maḥ^anǣkā* „deinen Fremden in der Mitte deines Lagers" als Partner des Jahwebundes. Zur Gedankenverbindung zwischen der vom Sklaven gewählten Stätte und dem Aufenthaltsort Jahwes vgl. 23,17 mit der *māqôm*-Formel 12,5 usw.

23,25a.26a, dem Gesetz über „Mundraub“, also einem Eigentumsgesetz, schließen formulierungsmäßig an *lo' yābo'* am Anfang der apodiktischen Verbote in 23,2.3a.b.4a.b (vgl. 23,12b), die noch im Bereich des 6. Gebots stehen, an. Die Ehegesetze in 24,1 und 24,5 greifen mit der Wendung *kî yiqqaḥ 'îš 'iššâ* auf 22,13 (vgl. 23,1a) zurück.

Die Formel *lqḥ 'îš 'iššâ* „zur Frau nehmen“ hat dann aber noch eine andere Funktion, und sie liefert uns einen ersten Hinweis auf die Gliederung von 23,16–24,7. Die Eheschließungsformel steht in 24,5 nämlich nicht nur zu Beginn, sondern – syntaktisch variiert – auch am Ende des Gesetzes: *'ištô 'ašær lāqāḥ* „seine Frau, die er genommen (geheiratet) hat“. Analog dazu wird 23,26 durch den Ausdruck *qāmat re^cækā* „Kornfeld eines anderen“ eingeleitet und abgeschlossen. Diese Technik, ein Gesetz durch gleiche Formulierungen gewissermaßen zu rahmen, wird innerhalb des 7. Gebotsbereichs sonst nicht mehr angewendet.[37] Sie will auf der redaktionellen Ebene sicher nicht nur die Geschlossenheit von 23,26 und 24,5 anzeigen. Denn dazu hängen die beiden Gesetze inhaltlich und sprachlich viel zu eng mit den in 23,25 und 24,1–4 unmittelbar vorausgehenden Bestim-

---

[36] *Rofé*, „Laws,“ 273, sieht trotz unterschiedlicher semantischer Verwendung von *yšb* eine Assoziation zwischen *bešibtekā ḥûṣ* „draußen hinhocken“ (V. 14) und *yšb beqirbekā* „in deiner Mitte wohnen“ (V. 17). Gegen sie spricht, daß die angenommene Opposition von *ḥûṣ* „draußen“ und *beqæræb* „in der Mitte“ durch die dazwischen stehende Wendung *beqæræb maḥanækā* „in der Mitte deines Lagers“ (V. 15) unterbrochen, eine assoziative Verbindung dadurch schwierig und deshalb wenig wahrscheinlich ist. Nach *Carmichael, Laws*, 186–190, verdanke 23,16–17 seine Inspiration der Tradition über die freundliche Aufnahme des Patriarchen Jakob, der als *'æbæd* der Knechtschaft Labans entflohen ist, durch Esau, den Jakob seinen „Herrn“ (*'ādôn)* nennt (Gen 32,5). Auch läßt Esau Jakob seinen Wohnort frei wählen (Gen 33,12–17). Die Verbindung zwischen dem Gesetz des Dtn und der Erzählung der Gen werde linguistisch durch die Verwendung von *nṣl* hi. in Gen 32,12, dem Gebet Jakobs, erwiesen. Es habe sich nach der Gottesbegegnung in 32,31 (*nṣl* ni.) erfüllt, wo in gewisser Weise das Zusammentreffen mit Esau vorweggenommen worden sei. *Carmichael* verschweigt allerdings, daß *nṣl* hi. ein Leitwort für die Rettung Israels aus der Gewalt der Ägypter ist (Ex 3,8; 5,23; 6,6; 18,4.8–10; Ri 6,9; 1 Sam 10,18). Daß Dtn 23,16–17 auf sie, nicht aber auf die Patriarchenzeit anspielt, legt vor allem die traditionsgeschichtliche Herkunft dieses Gesetzes von Ex 22,20 nahe. Im Unterschied zum Bundesbuch kann aber das Dtn sein Verbot, den fremden Sklaven auszuliefern, aus sachlichen Gründen nicht mit dem Aufenthalt Israels in Ägypten motivieren. Denn Israel war gerade kein nach Ägypten geflohener *'æbæd* (gegen *Carmichael, Laws*, 189).

[37] In 23,20–21 umschließt *lo' taššîk le'āḥîkā* (V. 20) und *le'āḥîkā lo' taššîk* (V. 21a) – „von deinem Bruder darfst du keine Zinsen nehmen“ – nur einen Teil des Gesetzes und ist daher für die Endredaktion nicht relevant.

mungen zusammen. Werden aber 23,26 und 24,5 durch die Inklusionen selbst als Struktursignale markiert und runden sie Abschnitte ab, dann ergibt sich für 23,16–24,7 die folgende Dreiteilung: 23,16–26; 24,1–5; 24,6–7. Diese Gliederung verläuft nicht einfach entlang der thematischen Grenzen von Sexual- und Eigentumsgesetzen. Denn das Prostitutionsverbot 23,18–19 bildet keine eigene Einheit, sondern gehört nach dieser Einteilung zur Gesetzesgruppe 23,16–26. Die folgenden Beobachtungen werden diese redaktionelle Struktur weiter bestätigen.

VIII. Dtn 23,16–24,7 – Siebtes Gebot: Menschliche Bedürfnisse und Beziehungen über das Eigentumsrecht stellen

(1) In 23,16–26 geht es um – in weitem Sinn verstandenes – „Schuldner*recht*“ gegenüber Menschen und „Schuldner*pflicht*“ gegenüber Gott. 23,16–17.20–21.25–26 regeln Eigentumsansprüche von Nichtisraeliten und Israeliten. Diese drei Gesetze sind so gereiht, daß sie die soziale Stufenleiter der jeweils Geschützten hinaufsteigen, wobei die Bedürftigkeit immer geringer wird.[1] So sorgt 23,16–17 für einen *ᶜæbæd,* der nach Israel geflohen ist und deshalb keinen Grundbesitz hat. Man darf ihn nicht „ausbeuten“ (*ynh* hi.), das heißt vor allem, ihn nicht finanziell ausnützen. In 23,20–21 wird das Zinsnehmen generell als Wirtschaftsform gegenüber jedem „Bruder“ *(ʾāḥ),* der ein Darlehen benötigt, abgelehnt,[2] das Sozialsystem Israels jedoch vor kommerziellen Unternehmungen eines „Ausländers“ *(nåkrî)* geschützt. Das Gesetz knüpft wahrscheinlich assoziativ an 23,16–17 an.[3] Denn in der gemeinsamen Vorlage der beiden Gesetze, dem Bundesbuch,[4] sind das Ausbeutungsverbot (*ynh* hi.) Fremder Ex 22,20 und das Zinsverbot Ex 22,24 ebenfalls eng zusammengerückt.[5] Dtn 23,25–26 schließlich gestattet einem vorbeikommenden Israeliten den Mundraub auf Kosten des „Anderen“ *(reᵃᶜ),* der einen Weinberg

[1] Dagegen wird nach *Merendino, Gesetz,* 293, Dtn 23,20–26 durch die „humanitären Bestimmungen“ der V. 20–21 und 25–26 gerahmt, die „sozusagen einen inhaltlichen Chiasmus bilden“. Die beiden Texte prägen aber nicht nur, wie *Merendino* meint, auf je eigene Weise „die Ehrfurcht vor dem Eigentum des Nächsten“ ein, sondern beschneiden auch aus humanitären Gründen das Recht des Geldverleihers beziehungsweise des Besitzers von Weinberg und Kornfeld. Das dürfte für den Redaktor sogar ihr entscheidender Kommentar zum Diebstahlverbot sein.

[2] Im Gegensatz zu 15,7–11 verlangt 23,20–21 nicht, *ʾāḥîkā hāʾæbyôn* „deinem armen Bruder“ Kredit zu gewähren, sondern verbietet allgemein das Zinsnehmen von Israeliten ohne Rücksicht auf ihren ökonomischen Status.

[3] Gegen *Merendino, Gesetz,* 293. Dtn 23,16–17 verpflichtet Israel, Asylanten aufzunehmen und in seinem Gebiet in seinen „Stadtbereichen“ wohnen zu lassen. Damit charakterisiert sie das Dtn praktisch als *gerîm* „Fremde“. Das Gesetz radikalisiert wahrscheinlich Ex 22,20, wo das Verbot der Ausbeutung (*ynh* hi.) mit Hinweis auf die Fremdlingsschaft Israels in Ägypten auf den *ger* bezogen ist (vgl. a.a.O. 310; *Mayes, Deuteronomy,* 319).

[4] Zur Priorität des Bundesbuches, speziell der hier und im folgenden herangezogenen Gesetze in Ex 22,20–26, gegenüber dem Dtn s. *Lohfink,* „Bearbeitung“.

[5] *Merendino, Gesetz,* 310; *Mayes, Deuteronomy,* 320f.

beziehungsweise ein Kornfeld besitzt: von ihren Erträgen darf jeder seinen augenblicklichen Hunger stillen. Nur eine weitere Verproviantierung beziehungsweise eine Ernte in größerem Ausmaß ist untersagt.
Auf das erste und dritte Gesetz folgen in 23,18–19 und 23,22–24 Bestimmungen, die durch Gelübde entstandene Schulden gegenüber Gott betreffen. Sie sind in gewissem Sinn als Fall und Gegenfall aufeinander bezogen: Während 23,18–19 die Bezahlung eines Gelübdes mit „Dirnenlohn" oder „Hundegeld"[6] ablehnt, sündigt nach 23,22–24, wer sein Gelübde nicht erfüllt. Oder vom Standpunkt des gesetzlichen Schutzes menschlicher Beziehungen und Bedürfnisse aus gesehen: Bewahrt das Sexualgesetz 23,18–19 den Geschlechtsverkehr vor religiöser Ausbeutung, so betont die Eigentumsbestimmung 23,22–24, daß es keinerlei Verpflichtung zu Gelübden gibt. Gerade dieser Aspekt steht – wie auch die literarische Form zeigt – im Mittelpunkt: Daß ohne Sünde bleibt, wer auf Gelübde verzichtet (V. 23), wird nämlich von der Warnung, Gelübde nicht zu erfüllen (V. 22), und der Mahnung, sie einzuhalten (V. 24), gerahmt, bildet also das Zentrum des Paragraphen.
Der Zusammenhang der Gesetze innerhalb der Dreier- beziehungsweise Zweiergruppe wird noch durch Wortklammern verstärkt. Es sind praktisch die einzigen, die es in 23,16–26 überhaupt gibt.[7] Dabei ist vorausgesetzt, daß der aus dem Ausland nach Israel geflohene *ᶜæbæd* „Sklave/ Untertan" als *ger* „Fremder" behandelt wird (vgl. Ex 22,20). Die drei Gesetze mit Ansprüchen von Menschen sind dann durch die Stichwortkette *ᶜæbæd* als *ger* (V. 16) – *nåkrî* (V. 21) und *'okæl* (V. 20) „Speise" – *'kl* „essen" (V. 25) verknüpft, die zwei Gesetze mit Verpflichtungen gegenüber Gott durch *nædær* „Gelübde" (V. 19) – *nædær* (V. 22) und *ndr* „Gelübde machen" (V. 22.23.24).
In den Gesetzen von 23,16–26 sind somit menschliche und göttliche Eigentumsrechte in einem alternierenden A-B-Schema aneinander gereiht:

A: 23,16–17 Anspruch von Menschen (gegenüber dem *ᶜæbæd*)
B: 23,18–19 *Anspruch Gottes* (Erfüllung eines Gelübdes)
A: 23,20–21 Anspruch von Menschen (gegenüber *'āḥ* und *nåkrî*)

[6] Zu 23,18–19 s. *Van Der Toorn*, „Prostitution," 200f und 203.
[7] Eine scheinbare Ausnahme macht *bw'*, das in 23,19 im hi., in 23,20 und 23,25–26 im q. verwendet wird. Im Unterschied zu den anderen Stichwörtern besteht jedoch zwischen den drei Stellen keinerlei Sachzusammenhang.

B: 23,22–24 *Anspruch Gottes* (Erfüllung eines Gelübdes)
A: 23,25–26 Anspruch von Menschen (gegenüber dem *re*[ac]).[8]

Die redaktionelle Struktur dieser fünf Eigentumsgesetze wird weiter dadurch verdeutlicht, daß das Schuldenrecht im eigentlichen Sinn in den drei mittleren Gesetzen (23,18–19.20–21.22–24) konzentriert ist und daß das Gesetz im Zentrum, nämlich das Zinsengesetz in 22,20–21, durch Aufbau und Wortwahl nochmals aus den anderen Gesetzen herausgehoben wird. Es ist konzentrisch angelegt:[9] Der Rahmen (V. 20 und V. 21aβ.b) verbietet das Zinsnehmen vom „Bruder", wobei „Zins" definiert (V. 20aβ.b) beziehungsweise die Folgen des Zinsverzichtes beschrieben werden (V. 21b). In der Mitte (V. 21aα) steht die Erlaubnis, vom „Ausländer" Zinsen zu verlangen. Die entscheidende hebräische Wurzel *nšk* q./hi. beziehungsweise *næšæk* wird sieben Mal verwendet.
Zwischen den in 23,16–26 jeweils direkt aufeinander folgenden Gesetzen gibt es keine Stichwortbezüge mehr, sondern bloß assoziative Verbindungen. Allerdings kommen wir dabei heute zum Teil über Vermutungen nicht hinaus.[10] So könnte *bêt YHWH *ᵓ*ᵉlohǽkā* „das Haus YHWHs, deines Gottes" in 23,19 an *māqôm *ᵓ*ᵃšær yibḥar* „Ort, den er auswählt" in 23,17 anknüpfen, denn diese Formel wird im Dtn sonst für die Erwählung des Zentralheiligtums gebraucht. 22,18–19.20–21.22–24 sind, wie bereits erwähnt, durch die Schulden gegenüber Gott und Menschen assoziativ zusammengeschlossen.[11]

(2) 24,1–4, das Gesetz über die Wiederaufnahme einer geschiedenen Ehefrau, und 24,5, die Befreiung eines neuvermählten Mannes von öffentli-

---

[8] Dabei wechseln aber innerhalb der einzelnen, auf menschliche Besitzrechte bezogenen Gesetze die Perspektiven des Rechtsanspruchs. In 23,16–17 wird dem „Herrn" *(*ᵓ*ādôn)* sein Eigentumsrecht auf den *ᶜæbæd* verweigert, ebensowenig dürfen die Israeliten den als *ger* eingestuften *ᶜæbæd* ausbeuten. In 23,20–21 geht es um das nach *ᵓāḥ* und *nåkrî* differenzierte Recht des Kreditgebers, in 23,25–26 wechselseitig um das Recht des hungrig Vorbeikommenden gegenüber dem Besitzer von Weinberg und Kornfeld wie den Schutz des Besitzers vor dem Vorbeikommenden.

[9] Dagegen setzt die konzentrische Struktur, die *Seitz, Studien,* 176, mit Hilfe der Wurzel *nšk/næšæk* in 23,20–21a rekonstruiert, eine bestimmte redaktionsgeschichtliche Hypothese voraus und enthält mehrere Inkongruenzen.

[10] S. dazu zum Beispiel *Wagner,* „Rest," 237 Anm. 13; *Rofé, Laws,* 274.

[11] Zum redaktionellen Zusammenhang von 23,20–21 und 23,22–24 vgl. *Merendino, Gesetz,* 293. Der Umweg über Koh 5,3–5, den *Merendino* dabei annimmt, erscheint mir für diese Assoziation allerdings unnötig. Im übrigen spricht Koh 5,5 von *maᶜᵃśeh yādǽkā* „Werk deiner Hände", Dtn 23,21 aber wie 15,10 von allem, „was deine Hände schaffen" *(mišlaḥ yādækā).*

chen Verpflichtungen, beginnen wie 22,13 *kî yiqqaḥ 'îš 'iššâ (ḥ^a^dāšâ)* „wenn ein Mann sich eine (neue) Frau nimmt", setzen also die Ehegesetzgebung von 22,13–29 fort. Die ersten Rechtsfälle beider Gesetzesgruppen – 22,13–19 beziehungsweise 24,1–4 – sind einander sachlich gegenübergestellt: Wirft der Ehemann nach 22,13–14 seiner Frau zu Unrecht etwas „Anrüchiges" *(ᶜ^a^lîlot d^e^bārîm)* vor, ist eine Scheidung unmöglich (22,19; vgl. den Scheidungsterminus *śn'* „nicht mehr lieben/hassen" in 22,13); dagegen kann er nach 24,1 seine Frau, wenn er an ihr etwas „Anstößiges" *(ᶜærwat dābār)* „findet" *(mṣ')*, aus der Ehe entlassen. Auch mit *mṣ'*, das 24,1 zweimal verwendet, greift das Scheidungsgesetz das Leitwort von 22,13–29, also den „Frauenteil" der Sexualbestimmungen, auf. Dagegen knüpft 24,1 mit *ᶜærwat dābār,* das im Dtn nur mehr in 23,15 am Ende des Lagergesetzes steht, an den Schluß des „Männerteils" der Sexualgesetzgruppe 23,1–15 an.[12] Auch 24,5 läßt das Lagergesetz, jetzt aber seinen Anfang, assoziieren: Die Befreiung eines Neuvermählten vom Militärdienst – *lo' yeṣe' baṣṣābā'* „er muß nicht mit dem Heer ausziehen" – nimmt nämlich *kî teṣe' maḥ^a^næh* „wenn du ins Feld ausziehst und das Lager aufschlägst" in 23,10 auf. Diese Beziehung fällt besonders auf, weil nämlich 24,5 die Verpflichtung zum Kriegsdienst als einzige aus den möglichen öffentlichen Leistungen heraushebt. Im übrigen unterstreicht dieser redaktionelle Doppelbogen von 24,1–4 und 24,5 zu 23,10–15 die thematische Eigenständigkeit der dazwischen liegenden Eigentumsgesetze 23,16–26.

Nochmals zurück zum Doppelgesetz 22,13–19.20–21. Zwischen ihm und 24,1–4.5 besteht auch eine gewisse formale Ähnlichkeit: Die zwei Gesetze bilden nämlich ebenfalls einen „Fall und Gegenfall", im Unterschied zu 22,13–19 und 20–21 allerdings mit jeweils verschiedener Rechtsmaterie: 24,1–4 verbietet dem Mann den Geschlechtsverkehr mit seiner wiederverheirateten Frau, 24,5 ermöglicht ihm den Geschlechtsverkehr mit seiner neuvermählten Frau.

24,1–4 setzt nicht nur die Ehegesetze fort, sondern paßt auch – wie schon früher erwähnt – gut in den Kontext der Eigentumsgesetze. Das ergibt sich aufgrund der jüngsten Exegese des Gesetzes durch *R. Westbrook.*[13] Der erste Mann hat seine Frau wegen etwas „Anstößigem" entlassen und

---

[12] Nach *Merendino, Gesetz,* 299 Anm. 4, verrät 24,4b den Gesichtspunkt, unter dem der Redaktor 24,1–4a nach Dtn 23 aufgenommen hat: „dem der Reinheit als Voraussetzung zur Zugehörigkeit in die Gemeinde Jahwes beziehungsweise ins Heerlager, hier also in das Land".

[13] „Prohibition". Die wichtigsten älteren Auslegungen werden a.a.O. 388–391 diskutiert.

mußte ihr deshalb kein Scheidungsgeld zahlen, wahrscheinlich auch ihr Brautgeld nicht zurückerstatten. Die Frau konnte dann durch ihre zweite Ehe wieder zu Besitz kommen, denn die zweite Ehe wurde durch die Schuld des Mannes geschieden oder durch seinen Tod gelöst. Könnte der erste Mann seine nochmals geschiedene oder verwitwete Frau wieder heiraten, würde er zweimal finanziell profitieren. Die Möglichkeit einer solchen Bereicherung auf Kosten der Frau soll durch das Ehehindernis ausgeschaltet werden.[14]

Die Doppelstellung von 24,1–4 im Rahmen der Ehe- wie der Eigentumsgesetze zeigt sich schließlich auch am Gebrauch des Begriffs *tô^c^ebâ* „Greuel". Er dient redaktionell im Bereich der Sexualgesetze in 22,5; 23,19 und 24,4 – hier noch durch einen Landgabesatz verstärkt –[15] als Struktursignal. Zugleich verschiebt sich der Inhalt des „Greuels" dem Kontext entsprechend vom Geschlechtlichen ins Finanzielle. So ist die Travestie als kultisch-sexuelle Beziehung ein „Greuel" (22,5). Ähnliches gilt von der „Sakralprostitution", die zum Unterhalt des Tempels beiträgt (23,18–19), allerdings kaum einem Fruchtbarkeitskult zugerechnet werden darf.[16] Hat der „Greuel" dabei schon eine materielle neben der kultischen Seite, so besteht er bei der verbotenen Wiederheirat einer Geschiedenen (24,1–4) ausschließlich in der ungerechten Bereicherung.[17] *tô^c^ebâ* wird im deuteronomischen Kodex danach nur mehr in 25,16, dem Verbot von falschem Maß und Gewicht, verwendet. Wie in 24,4 geht es auch hier um Betrug.

Auch das Ehegesetz 24,5 steht zurecht im Bereich des 7. Gebots: Weil hier eine menschliche Beziehung Vorrang vor jeder öffentlichen Verpflichtung erhält, hat das Recht auf Eheglück auch mit Eigentum und Leistungsanspruch zu tun. Einen nochmals anderen Berührungspunkt zeigt dann die Zusammenstellung mit dem folgenden Gesetz.

---

[14] „The prohibition on remarriage is based on what in modern law would be called estoppel. This is the rule whereby a person who has profited by asserting a particular set of facts cannot profit a second time by conceding that the facts were otherwise. He is bound by his original assertion, whether it is objectively the truth or not." (*Westbrook*, „Prohibition," 404).

[15] Nach *Merendino, Gesetz,* 299, ist 24,4b mit dem Landgabesatz durch das Stichwort *tô^c^ebâ* ausgelöst.

[16] *Van Der Toorn*, „Prostitution," 200–204.

[17] *Westbrook*, „Prohibition," 405, betont, daß die nur um des finanziellen Profits vollzogene Wiederheirat besonders wegen ihrer Heuchelei als „Greuel" angeprangert wird.

(3) Es gibt nämlich eine assoziative Verbindung zwischen den Neuvermählten von 24,5 und der Handmühle in 24,6. Das beweist Jer 25,10,[18] wo der Jubelruf der Brautleute und das alltägliche Geräusch der Mühlsteine Zeichen menschlichen Lebens sind. Gerade dieser Aspekt des Lebens ist es, der in den Bestimmungen über verbotenes Pfandgut und über Menschenraub in 24,6 beziehungsweise 24,7, den letzten zwei Gesetzen des Diebstahlverbotes, dominiert: Sie werden durch *næpæš* im Sinn von „Leben" beziehungsweise „(lebender) Mensch" miteinander verklammert,[19] das jeweils Objekt des entscheidenden Verbs, nämlich *ḥbl* „pfänden" beziehungsweise *gnb* „rauben", ist. Das gleiche Stichwort signalisiert aber auch eine Assoziationsbrücke zwischen den Eigentumsgesetzen in 23,16–26 und 24,6–7: *næpæš* verknüpft in 23,25 und 24,6 das letzte Gesetz von 23,16–26 mit dem ersten von 24,6–7. Konkret: es bringt das Gesetz, das den Hunger auf Kosten anderer zu stillen erlaubt (23,25–26), mit dem Pfändungsverbot des Mühlsteins, ohne den man das tägliche Brot nicht bereiten kann (24,6), in Beziehung.[20]

Das Schuldenrecht wird aber auch konkreter mit dem Pfandrecht verbunden: 24,6 setzt nämlich mit dem Pfandverbot das Zinsengesetz in 23,20–21 fort. Diese Themenfolge ist wahrscheinlich schon vom Bundesbuch vorgegeben: an das Zinsverbot Ex 22,24 schließt dort das Pfandrecht Ex 22,25–26 an. Aus ihm greift Dtn 24,6 allerdings nur den Terminus *ḥbl* (Ex 22,25a*) auf.

Sonst wird Ex 22,25–26 erst in Dtn 24,12–13 ausgelegt. 24,6 bereitet darauf vor.

Mit 24,7 ist formulierungs- und aussagemäßig der Höhepunkt des Diebstahlverbots erreicht. Abgesehen von 5,19 wird nämlich im Dtn nur mehr hier *gnb* verwendet. Und nur auf dieses Eigentumsdelikt steht die Todesstrafe. Zugleich bildet 24,7 mit Entführung, Versklavung und Verkauf eines Israeliten einen sachlichen Kontrapunkt zum Gesetz über einen entflohenen ausländischen Sklaven in 23,16–17. Beide Gesetze verhalten

---

[18] Darüber hinaus wären nach *Kaufman*, „Structure," 140, die Mühlsteine ein sexueller Topos, was Ijob 31,10 beweisen soll. Die Pfändung des oberen Steines lasse deshalb die Scheidung assoziieren, passe also auch zum Thema von 24,1–4. Ähnlich *Rofé*, „Laws," 274f, der zusätzlich auf die rabbinische Auslegung von Ri 16,21 verweist, die hier im Drehen der Mühle den Geschlechtsverkehr angedeutet sieht.

[19] So schon *Klostermann, Pentateuch*, 306; ferner *Merendino, Gesetz*, 300, der allerdings den übergeordneten Aspekt des Diebstahlverbotes noch nicht kennt.

[20] Dagegen fehlt in 24,1–4 nicht nur *næpæš*, sondern auch der Gesichtspunkt des „Lebens" – gegen *Kaufman*, „Structure," 140.

sich gewissermaßen wie Fall und Gegenfall. Dieser Bezug dürfte von der Redaktion durchaus intendiert sein, weil sie als erstes beziehungsweise letztes Gesetz von 23,16–24,7 zugleich diesen Haupttext des 7. Dekalogsgebots rahmen. Zugleich unterstreicht diese Inklusion auch den Struktureinschnitt zwischen den Bereichen des 7. und 8. Gebots. Den selben Effekt hat schließlich auf der ornamentalen Ebene auch die folgende palindromische Struktur, deren Elemente in 24,7 rückläufig summiert werden:

A	*mibb*^{e}*nê yiśrāʾel* „aus den Söhnen Israels“ (23,18)
B	*l*^{e}*ʾāḥîkā* „von deinem Bruder“ (23,20.21)
B’ + A	*meʾæḥâw mibb*^{e}*nê yiśrāʾel* „von deinem Bruder aus den Söhnen Israels“ (24,7).

Diese stilistische Figur fällt auf, weil der deuteronomische Kodex nur an diesen beiden Stellen von den *b*^{e}*nê yiśrāʾel* spricht.

(4) Vergleichen wir abschließend die Redaktionstechniken von 23,16–24,7 mit den Anordnungsprinzipien altorientalischer Rechtssammlungen. Der Kodex Hammurapi[21] schließt nach den Paragraphen über Zins, Darlehen und handelsrechtlichen Verhältnissen das Thema „Schuldverpflichtungen“ mit Pfändungen (§ 113–116) und Schuldversklavungen (§ 117–119) ab, die, falls sie erfolgen, sachlich wie zeitlich am Ende von Schuldverhältnissen stehen. Diese traditionelle Themenfolge läßt sich in groben Umrissen auch im Dtn erkennen: 23,20–21 regelt die Zinsen, 24,6 behandelt verbotenes Pfandgut[22] und 24,7 die Versklavung eines geraubten Israeliten, um ihn zu verkaufen. Im Blick auf die Verbindung von Schuld- und Eherecht in 23,16–24,7 ist interessant, daß der Kodex Eschnunna die Bestimmungen über Schuldzins und (unberechtigte) Pfändung einer Person (§ 18–24) im Rahmen des Themas „Brautgeld“ abhandelt (§ 17/18 und 25) und daran das Eherecht anschließt (§ 25–35). Zum humanitären Charakter der Gesetze von 26,16–26 paßt gut, daß sie nach der sozialen Stellung der betroffenen Personen gereiht sind. Sie beginnen beim ausländischen *ʿæbæd* (23,16–17) und steigen dann über den bedürftigen *ʾāḥ* (23,20–21) zum vermögenden *re*^{ac} (23,25–26) auf. Wahrscheinlich ist diese Disposition vom Bundesbuch beeinflußt, das in Ex 22,20.24 dem Inhalt wie der Abfolge nach die Vorlage von 23,16–17 und

---

[21] S. dazu *Petschow*, „Codex Hammurabi,“ 156f.

[22] Vgl. die Abfolge von Zins- und Pfandrecht in Ex 22,24–25*, dem Basistext von Dtn 23,20–21 und 24,6.

23,20–21 gebildet haben dürfte. Auch die altorientalische Rechtssystematisierung orientiert sich bei der Stoffanordnung an älteren Vorlagen.[23] Sonst schreitet sie allerdings bei Personen wie Sachen vom „Höher- zum Geringerwertigen" fort.[24] 23,18–19 und 23,22–24 sind als göttliches Schuldenrecht durch Attraktion mit den Zinsbestimmungen (23,20–21) verbunden und in die soziale Kette eingehängt. So ergibt sich ein zwischen menschlichen und göttlichen Ansprüchen alternierendes A-B-Schema. Dieses Redaktionsverfahren findet sich auch in altorientalischen Rechtsüberlieferungen und faßt dort einzelne Rechtssätze oder größere Rechtssatzgruppen unterschiedlicher Themenbereiche zusammen.[25] Für das Dtn typisch ist dabei die Verbindung von sozialer und kultischer Gesetzgebung, wie sie vor allem den ersten Teil des deuteronomischen Kodex (12,2–16,17) auszeichnet.

24,1–4 und 24,5 sind einander nach dem bekannten Muster von Fall und Gegenfall zugeordnet. Ähnliches gilt auch für die beiden Eckgesetze des Eigentumsbereichs, nämlich 23,16–17 und 24,7.

[23] *Petschow,* „Codex Hammurabi," 170 Anm. 143a.

[24] *Petschow,* „Codex Hammurabi," 170f mit Anm. 146; *ders.,* „Eschnunna," 142.

[25] Für den Kodex Eschnunna hat das *Otto, Rechtsgeschichte,* 175f, nachgewiesen, ebenso für Ex 21,18–32 und Ex 21,33–22,14 a.a.O. 138 beziehungsweise 177f.

IX. Dtn 24,8–25,4 – Achtes Gebot: Den Armen, sozial Schwachen und Schuldigen ihr Recht nicht verweigern

(1) 24,8–25,4 kommentiert – abgesehen von 24,19–22 und 25,4 – das 8. Dekalogsgebot „(Wahrheit vor) Gericht“ (5,20). Unter diesem Aspekt wird thematisch heterogenes Rechtsmaterial attrahiert. Doch besitzt vor allem die kleine „Sozial-Tora“ in 24,10–18 einen forensischen Anstrich. 24,8a markiert den Neueinsatz – abgesehen vom Themenwechsel – mit der im deuteronomischen Kodex in dieser Eindringlichkeit nicht mehr belegten Paränese *hiššāmær … lišmor meʾod welaʿaśôt* „Nimm dich in acht, achte genau darauf, zu tun …“. Daß und wie auch 24,9 den Struktureinschnitt anzeigt und somit das ganze Gesetz den Beginn des nächsten Gebotsbereichs signalisiert, wird später noch behandelt werden. Sachlich beziehen sich vor allem 24,8–9 und 25,1–3, also das erste und das vorletzte Gesetz des Bereiches, auf die Rechtssprechung. Denn 24,8 erinnert mit der Mahnung, allen Anweisungen der levitischen Priester zu folgen, an 17,9–10 und das Zentralgericht; *mišpāṭ* „Entscheidung“ und *šopeṭ* „Richter“ in 25,1–2 lassen an 16,18 und das Ortsgericht denken. Ferner sind 24,8–9 und 24,18 von gerichtlicher Rechtsrede geprägt, weil in ihnen das zweigliedrige „Schema der Beweisführung“ verarbeitet ist:[1] Die Erinnerung (*zkr* V. 9.18a) an das Handeln Jahwes beim Auszug aus Ägypten (V. 9 beziehungsweise 18a) soll den Anspruch auf das Halten (*ʿśh* V. 8b beziehungsweise 18b) der priesterlichen Anweisung beziehungsweise des mosaischen Gebotes begründen. Die Stichworte dieser Inklusion sind sogar palindromisch aufeinander abgestimmt:

A Jahwe hat „befohlen“ (*ṣwh* pi.), und Israel soll, wozu die Priester anweisen, „halten“ *(ʿśh)* (V. 8b)

B *zākôr … mimmiṣrāyim* „denkt an … aus Ägypten“ (V. 9)

B’ *wezākartā … bemiṣrayim* „und denk daran … in Ägypten“ (V. 18a)

A’ Mose „befiehlt“ (*ṣwh* pi.), und Israel soll diese Bestimmung „halten“ *(ʿśh)* (V. 18b).[2]

---

[1] *Lohfink, Hauptgebot*, 126 und 130.

[2] Die palindromische Struktur verdeutlicht die Rückbezüge als Rahmen, dürfte aber die Ursache dafür sein, daß die Abfolge der Elemente des Schemas der Beweisführung in 24,8–9 umgedreht worden sind.

Innerhalb dieses juristischen „Rahmens" steht eine Sozial-Tora, die mit einem Teil ihres letzten Gesetzes die eben erwähnte Inklusion abrundet. Daß auch ihre Bestimmungen zum Problemfeld „gerechtes Gericht" gehören, zeigt sich bereits an den rechtlich-religiösen Haupttermini, die alle vier Gesetze verbinden. Sie folgen in einer Art palindromischer Struktur aufeinander, sind aber zugleich paarweise göttlichem beziehungsweise menschlichem „Gericht" zugeordnet:

A *ṣ^e^dāqâ* „Gerechtigkeit vor YHWH" (V. 13) – *göttliches Gericht*
B *ḥeṭ'* „Sünde" (V. 15)[3] – *göttliches Gericht*
B' *ḥeṭ'* „Verbrechen" (V. 16) – menschliches Gericht
A' *mišpāṭ* „Recht" (V. 17) – menschliches Gericht

Der „Notleidende" *(ʿānî)* beziehungsweise „Arme" *(ʾæbyôn)* (V.12.14.15) hat Gott zum Anwalt. Denn das rechte Verhalten ihm gegenüber ist juristisch kaum zu fassen und gehört deshalb weniger in den Raum des „Rechts" als vielmehr den der „Paränese" beziehungsweise des „Ethos". Dagegen hat den Umgang mit Kapitalverbrechen (V. 16) und die Durchsetzung des Rechts eines „Fremden, der Waise ist" (*ger yātôm* – V. 17a)[4] das menschliche Gericht zu verantworten. Die Aufteilung zwischen „Armen" einerseits und „Fremden, (die) Waisen (sind)" (samt der „Witwe" in V. 17b) andererseits entspricht der deuteronomischen Gesellschaftskonstruktion, nach der es keine Marginalgruppen geben darf. Sie spricht von „Armen" nur mehr in Gesetzen, die dem Armut produzierenden Verschuldungsvorgang zugeordnet sind, während für die „Fremden, Waisen und Witwen", die keinen eigenen Grundbesitz haben oder aus anderen

[3] *ḥeṭ'* ist der vom Dtn am häufigsten verwendete „Sünden"-Begriff. Es geht um ethisch-soziale wie kultische Verfehlungen von Einzelnen. *ḥeṭ'* steht für eine „Sünde(nstrafe)", wenn die Verfehlung ausdrücklich (auch) Gott betrifft und von ihm geahndet wird (15,9; 23,22.23; 24,15), für ein „Verbrechen", das von einem menschlichen Gericht mit dem Tod bestraft wird (21,22; 22,25; 24,16), beziehungsweise für ein „Vergehen", wenn beides nicht eigens erwähnt wird (19,15) – so auch die differenzierende Wiedergabe durch die Einheitsübersetzung. *ḥeṭ'* ist aber auf Kapitel 19–24 beschränkt.

[4] Der erwachsene *ger* braucht, wenn er voll rechtsfähig ist, keine besonderen Schutzbestimmungen. Anders der „vaterlose *ger*" – so nach der Vokalisation des Masoretentextes – und die Witwe. Sie werden hier genannt, nicht weil sie Arme wären, sondern weil sie nicht selbst vor Gericht auftreten können. Darauf verweist *Lohfink*, „Gesetz," 12.

Gründen nicht autark leben können, ein Versorgungsrecht vorgesehen ist.[5]

Die palindromischen Stichwortbezüge werden noch dadurch verstärkt, daß das erste und letzte Gesetz der Sozial-Tora in 24,12–13 beziehungsweise 24,17b auch thematisch, nämlich durch Pfandbestimmungen, aufeinander bezogen sind. Ferner korrespondiert die Schuldspruchformel von 24,15 mit der „Anweisung für die Straffestsetzung im Gerichtsverfahren" in 24,16.[6] Innerhalb des ersten Gesetzespaares (24,10–15) sind dann vor allem die Sonderregelung 24,12–13 und 24,14–15 redaktionell aufeinander abgestimmt. In beiden Fällen muß der *ʿānî* noch vor Sonnenuntergang wieder zu seinem gepfändeten Mantel beziehungsweise zu seinem Lohn kommen. Dabei entsprechen einander auch die zwei Motivationen: Sie betreffen beide zunächst die menschlichen Bedürfnisse des Notleidenden und dann das Gottesverhältnis des Gläubigers beziehungsweise Arbeitgebers, das mit seinem sozialen Verhalten unlöslich verbunden ist. Wie der Segen des Armen zur (Feststellung von) *ṣ*ᵉ*dāqâ* führt, so bleibt, wer den Notschrei des Armen vermeidet, vor *ḥeṭ*ʾ bewahrt. Im zweiten Gesetzespaar (24,16–18) geht es jedesmal um Prinzipien der Rechtsprechung: 24,16 betont den Grundsatz der bloß persönlichen Verantwortung und lehnt eine Haftung selbst der engsten Verwandten ab, 24,17a schärft – wie der Richterspiegel in Dtn 16,19 – den Grundsatz der Rechtsgleichheit auch des gesellschaftlich Schwächsten ein. Verglichen mit Ex 23,6 tritt aber in Dtn 24,17a an die Stelle des *ʾæbyôn* der vaterlose *ger*.

In der oben skizzierten palindromischen Struktur sind *ṣ*ᵉ*dāqâ* und *mišpāṭ* in 24,13 beziehungsweise 17 aufeinander bezogen. Beide Termini werden im AT oft miteinander verbunden. Sie finden sich gehäuft wie sonst in keinem vergleichbaren Text in Ez 18 und der Parallele in 33,10–20.[7] Nun dürfte Dtn 24,10–17 literarisch von Ez 18,5–20 abhängen. Das legt jedenfalls ein Vergleich der beiden Texte nahe. Im Hintergrund der Rechtska-

[5] S. dazu *Lohfink*, „Gesellschaft," 9. 24,14 ist keine wirkliche Ausnahme. *ger* steht hier wie in 1,16 in Opposition zu *ʾāḥ* und bezeichnet keinen Sozialstatus – der wird durch *ʿānî w*ᵉ*ʾæbyôn* angegeben –, sondern die nichtisraelitische Herkunft des Armen. Weil „Fremde, Waise und Witwen" nach dem Gesellschaftsentwurf des Dtn nicht mehr zu den „Armen" gehören, ist 24,8–25,3 nicht nach einem „system of socio-economic priority" strukturiert: nicht nur 24,16, sondern auch 24,17–18 passen nicht ins Sozialgefälle, das vom gepfändeten Israeliten über einen armen Gepfändeten beziehungsweise Tagelöhner schließlich die Trias von „Bedürftigen" erreichen würde – gegen *Kaufman*, „Structure," 141.

[6] *Nebeling, Schichten*, 224.

[7] Das Wortpaar steht in Ez 18,5.19.21.27 beziehungsweise 33,14.16.19. Eine Übersicht über alle Belege bietet *Niehr, Herrschen und Richten*, 359.

suistik, mit der Ezechiel die Gerechtigkeit eines Israeliten beschreibt und dann in der Generationenverkettung verdeutlicht, nach der aber auch das Urteil über Leben oder Tod gefällt wird, steht eine Tora-Liturgie. Wer sich ihren Rechtssätzen entsprechend verhalten hatte (vgl. Ez 18,5–9), wurde vom Priester am Tor des (Jerusalemer) Tempels für gerecht erklärt und durfte ins Heiligtum und damit ins Leben eintreten.[8] Im einzelnen lassen sich folgende Elemente in Ez 18,5–20 und Dtn 24,10–17 miteinander vergleichen: die Pfandbehandlung eines Schuldners in Ez 18,7.12.16 mit Dtn 24,10–13, speziell die Feststellung der Gerechtigkeit in Ez 18,20 mit Dtn 24,13; die Unterdrückung des *ᶜānî wᵉʾæbyôn* in Ez 18,12 mit Dtn 24,14–15, wobei *ᶜšq* „unterdrücken" in Ez 18,18 und Dtn 24,14 verwendet wird. Das Verbot der „Sippenhaft", das Ez 18,10–20 (s. V. 18–19) breit theologisch reflektiert und aktualisiert, wird in Dtn 24,16 kurz gesatzt, gehört also hier trotz seiner thematischen Digression in Dtn 24,10–17 fest zum Kontext.[9] Schließlich findet sich *ḥbl* „pfänden" innerhalb der beiden Bücher nur in Ez 18,16 und Dtn 24,6.17. Die „Sozial-Tora" Dtn 24,10–17 muß also vor dem forensischen Horizont von Ez 18 (und traditionsgeschichtlich der dahinterstehenden Einzugsliturgie) verstanden werden. Für beide Texte entscheidet sich vor allem an den Armen wie den sozial Schwachen[10] die Gerechtigkeit Israels.[11]

(2) 24,17–18 bildet eine redaktionelle Schaltstelle innerhalb des 8. Gebotsbereichs. V. 17b klammert thematisch an den Anfang der Sozial-Tora (24,10–13) zurück, V. 18 geht noch darüber hinaus und schlägt durch Formulierungen und das Schema der Beweisführung einen Bogen zum Beginn der Gesetzesgruppe (24,8–9). V. 17a liefert mit *mišpāṭ* das Stichwort für das letzte Gerichtsgesetz in 25,1–3 (V. 1). Schließlich hängen am „Fremden, der eine Waise ist" *(ger yātôm)* und der „Witwe" *(ʾalmānâ)* in V. 17 sowie am Hinweis auf die Knechtschaft Israels in Ägypten und dem Promulgationssatz in V. 18 die Eigentumsgesetze von 24,19–22:

A *ger yātôm … ʾalmānâ* (V. 17)
B *wᵉzākartā kî ᶜæbæd hāyîtā bᵉmiṣrayim … ᶜal ken ʾānokî mᵉṣawwᵉkā laᶜᵃśôt ʾæt haddābār hazzæh* (V. 18)
A' *lagger layyātôm wᵉlāʾalmānâ* (V. 19.20.21)
B' *wᵉzākartā kî ᶜæbæd hāyîtā bᵉʾæræṣ miṣrāyim ᶜal ken ʾānokî mᵉṣawwᵉkā laᶜᵃśôt ʾæt haddābār hazzæh* (V. 22)

---

[8] S. dazu zum Beispiel *Zimmerli, Ezechiel,* 396–400; *Steingrimsson, Tor,* 134f.
[9] Vgl. *Merendino, Gesetz,* 305.
[10] Die zugehörigen Nomina finden sich nur in Ez 18,12.16; 33,15 *(ḥᵃbol)* und Ez 18,7 *(ḥᵃbolâ).*
[11] S. dazu *Braulik,* „Gesetz," 140–142 (= *Studien,* 138–140).

A „ein Fremder, der eine Waise ist... eine Witwe" (V. 17)
B „Denk daran: Als du in Ägypten Sklave warst... Darum mache ich es dir zur Pflicht, diese Bestimmung einzuhalten." (V. 18)
A' „einem Fremden, einer Waise und einer Witwe..." (V. 19. 20. 21)
B' „Denk daran, daß du im Land Ägypten Sklave warst. Darum mache ich es dir zur Pflicht, diese Bestimmung einzuhalten." (V. 22)

Der wirtschaftsrechtliche Terminus *pdh* „befreien" charakterisiert in 24,18 die Befreiung aus Ägypten als einen Rechtsakt. Durch ihn wird Israel zum Eigentum Jahwes, das keinen anderen Besitzer zuläßt. Daran können nun passend jene Gesetze anschließen, die thematisch zum Diebstahlsgebot zurücklenken, nämlich 24,19–22 und 25,4. 24,19.20–22 weiten die Erlaubnis des Mundraubs von 23,25–26 auf das Recht der Fremden, Waisen und Witwen auf Nachlese aus. An diesen Bestimmungen hängt dann nochmals assoziativ am Ende des Gebotsbereichs 25,4 mit dem Recht des Ochsen, vom Gedroschenen zu fressen. *ḥbṭ* „abklopfen" (24,20) und *dwš* „dreschen" (25,4) gehören auch sonst zu den Erntetechniken – vgl. Jes 28,27–28. Darüber hinaus kann *dwš* – zum Beispiel in Ri 8,7 – auch körperliche Züchtigung bezeichnen. Eine solche Gedankenverbindung rückt 25,4 etwas an das unmittelbar vorausgehende Gesetz über die Prügelstrafe (25,1–3) heran.[12] Der dreschende Ochs wäre also ein assoziativ nicht unpassendes Bindeglied zwischen 22,19–22 und 25,1–3 gewesen. 25,1–3 hätte dann zusammen mit 24,8–9 sauber das 8. Gebot gerahmt. Dagegen markiert das Gesetz vom dreschenden Ochsen an seiner gegenwärtigen Position in 25,4 deutlich den Struktureinschnitt zwischen den Bereichen des 8. und 9. Dekalogsgebots. Das erschien redaktionell offenbar notwendig; denn 25,5–10 und 11–12 knüpfen – wie sich noch zeigen wird – wieder an 25,1–3 an.

Klammern die Eigentumsbestimmungen 24,19–22; 25,4 am Ende des 8. Gebotsbereichs auf das 7. Gebot zurück, so leistet das 24,8–9 auch an seinem Beginn. Allerdings sind es hier zunächst nur Anspielungen, die den Zusammenhang mit den Eigentumsgesetzen herstellen. 24,8 nimmt

[12] *Rofé,* „Laws," 275f, sieht die voneinander gänzlich verschiedenen Gesetze 24,20; 25,1–3; 25,4 durch „a topical association" verbunden. *ḥbṭ* (24,20), *nkh* (25,2.3) und *dwš* (25,4) hätten die gemeinsame Bedeutung „schlagen", *dwš* und *ḥbṭ* würden auch bildlich für körperliche Bestrafung verwendet. Diese Beobachtungen sind aber insofern zu präzisieren, als *nkh* niemals im Erntekontext gebraucht wird und die übertragene Bedeutung von *ḥbṭ* in der Bibel noch nicht belegt ist (vgl. 276 Anm. 32).

bloß das Motiv „Leben“ aus 24,6.7 auf und verbindet es mit der Gerichtsszenerie: Das Beobachten der priesterlichen Belehrung, das 24,8 einschärft, dient dem Leben des Volkes. Vor Ungehorsam warnt 24,9 mit dem Hinweis auf Mirjam, die wegen Aussatzes aus dem Lager Israels ausgeschlossen wurde. So wird verständlich, warum der Vers mit der Wendung *baddæræk b^eṣe'tkæm mimmiṣrāyim* „unterwegs, als ihr aus Ägypten auszogt“ an 23,5 im Gesetz über Ausschluß und Zulassung in die Versammlung Jahwes erinnert. Die Assoziationen reichen aber wahrscheinlich weiter und sind sachlich noch präziser. Num 12,14–15 spricht zweimal von *sgr* ni. *miḥûṣ lammaḥ^anæh* „aus dem Lager ausgesperrt werden“. Die Wendung *miḥûṣ lammaḥ^anæh* findet sich im Dtn nur in 23,11.13 im Gesetz über die Reinerhaltung des Lagers; die Wurzel *sgr* wird im Dtn (von 32,30 abgesehen) nur in 23,16 beim flüchtigen Sklaven, den Israel nicht „ausliefern“ darf (*sgr* hi.), und zwar in unmittelbarem Anschluß an das Lagergesetz, verwendet. 24,9 zeigt also den Neueinsatz des 8. Gebots an, indem es subtil auf den Grenzbereich von 6. und 7. Gebot anspielt. Bedurfte es dann überhaupt der Wendung *baddæræk b^eṣe'tkæm mimmiṣrāyim,* zumal sie in Num 12 gar nicht vorkommt? Sie findet sich im Dtn außer in 23,5 und 24,9 nur mehr in 25,17 und ist dort – wie in 24,9 – mit der Aufforderung *zākôr 'et ^{'a}šær ^cāsâ* „Denkt an das, was er getan hat“ verbunden. Redaktionell steht sie in 24,9 genau in der Mitte zwischen 23,2–25,19.[13] Wahrscheinlich läßt sich ihre Funktion als Struktursignal in diesem Komplex erst diachron richtig verstehen.

Die in 24,6 verbotene Pfändung ist auch der assoziative Haftpunkt für die Sozial-Tora 24,10–18, konkret ihre Rahmengesetze. Das gilt thematisch, aber auch überlieferungsgeschichtlich. So geht es 24,10–13 um Pfandeinbringung und -behandlung, 24,17 um ein Pfändungsverbot. Als Vorlage diente das Bundesbuch. Während aber Dtn 24,6 nur das Verb *ḥbl* „pfänden“ aus Ex 22,25a* aufgreift, verstärkt Dtn 24,12–13 das sozial-humanitäre Anliegen von Ex 22,25–26.[14] Doch verwendet 24,10–13 *^cbṭ* „Pfand nehmen“ und *^{ca}boṭ* „Pfand“, die nur im Dtn belegt sind. Erst am Ende steht dann in 24,17b wieder *ḥbl.*

[13] *Merendino, Gesetz,* 316. Die von *Merendino, Gesetz,* 309–312, und (ohne Hinweis darauf) auch von *Mayes, Deuteronomy,* 313f, vertretene Komposition von Dtn 23–25 wird durch meine hier vorgelegte Analyse dieser Kapitel falsifiziert.

[14] Damit ist die kontinuierlich Ex 22,20–26 entlangschreitende deuteronomische Kommentierung der sozialen Schutzbestimmungen des Bundesbuches abgeschlossen – vgl. Ex 22,20 mit Dtn 23,17; Ex 22,24 mit Dtn 23,20–21; Ex 22,25a* mit Dtn 24,6* (24,17b*); Ex 22,25–26 mit Dtn 24,10–13. Vgl. *Merendino, Gesetz,* 310 (ohne die überlieferungsgeschichtliche Folgerung).

X. Dtn 25,5–12 – Neuntes Gebot: Nachkommenschaft nicht verhindern

(1) Das 9. Dekalogsgebot „Verlangen nach der Frau des Nächsten" (5,21a) wird nur mehr von zwei Gesetzen kommentiert. Dabei steht nicht der ökonomische, sondern der sexuelle Aspekt im Vordergrund. Nach 25,5–10 gibt es – und zwar als Ausnahme vom 9. Gebot – eine Institution, in der ein Mann die Frau seines (leiblichen) Bruders heiraten soll. 25,11–12 hat zwar keinen erkennbaren Bezug zum 9. Gebot: eine Frau vergreift sich am Geschlechtsteil eines fremden Mannes. Das Gesetz ist aber bei einer bestimmten Interpretation mit 25,5–10 durch juristische Logik verbunden. Der gemeinsame Aspekt ist „Verhinderung von Nachkommenschaft". Sie geschieht in 25,5–10 durch Verweigerung der Schwagerehe, in 25,11–12 durch Zerstörung der Zeugungsfähigkeit. Eine weitere Assoziationsbrücke bildet die Beschämung des eheunwilligen *'āḥ* „Bruders" beziehungsweise des angegriffenen *'āḥ* durch eine Frau, die sich auf legitime beziehungsweise illegitime Weise für ihren Mann einsetzt. Zugleich sind die beiden Gesetze so aneinander gereiht, daß – ähnlich der Systematisierung altorientalischer Rechtskodizes und dem deuteronomischen Eherecht – zuerst der Fall einer vertraglichen Bindung und dann erst der Fall eines vertraglich nicht geregelten Verhältnisses behandelt wird.

(2) Zwischen 25,4 und 25,5–10 beziehungsweise 11–12 besteht keinerlei Zusammenhang. Anders als in 22,10, dem Verbot, mit Ochs und Esel gemeinsam zu pflügen, ist beim dreschenden Ochsen eine sexuelle Konnotation für die Bibel(!) unwahrscheinlich.[1] Noch weniger läßt sich ein

---

[1] *Carmichael* („'Treading'," 250–252) hält das von 25,4 verbotene Verbinden des Mauls beim dreschenden Ochsen für unpraktikabel und deshalb nur im bildlichen Sinn für verständlich. Das Gesetz solle vielmehr auf eine Situation angewendet werden, in der nach 25,5–10 die Leviratsehe Abhilfe schafft. Ohne erbberechtigten Nachkommen gleiche nämlich der Israelit einem Ochsen, der zwar das Getreide drischt, aber sich nicht an der Frucht seiner Arbeit erfreuen darf. Gegen diese Erklärung spricht zunächst, daß die Notwendigkeit einer metaphorischen Deutung des dreschenden Ochsen keineswegs einsichtig ist. Die rabbinische Exegese hat das Gesetz jedenfalls allgemein im wörtlichen Sinn aufgefaßt – s. *Lisowsky*, „Dtn 25,4," 144–152. Nimmt man trotzdem eine übertragene Aussage an, dann stimmen die Bild- und Sachhälfte in *Carmichaels* Interpretation nicht mit den Gesetzen überein. Denn in 25,4 drischt der Ochs nicht, um zu Futter zu kommen, und in 25,5–10 kommt der Rechtsanspruch des verstorbenen Bruders nicht aufgrund seiner Arbeit, sondern durch das Erbrecht zustande (eine über-

Rückbezug aller drei Gesetze auf Ereignisse im Leben des Patriarchen Jakob und seiner Nachkommenschaft (Onan) nachweisen.[2] Auch der Wortgebrauch von 25,4 ist im Dtn singulär. Darüber hinaus ist dieses Gesetz auch in keine 25,4–12 umfassende Struktur eingebunden.[3]

25,5–10 und 25,11–12 knüpfen vielmehr durch einzelne Züge – teilweise kontrastierend – an 25,1–3, das Gesetz über die an ein Gerichtsurteil gebundene und um die Würde des „Bruders" achtende Prügelstrafe, an: 25,5–10 durch die Gerichtsszene und die Entehrung eines *ʾāḥ*,[4] 25,11–12 durch den Streit der beiden Männer und die körperliche Bestrafung. Darüber hinaus sind die drei Gesetze durch Stichwörter miteinander vernetzt. Wenn die Frau nach 25,9 vor den Stadtältesten zu ihrem Schwager „hintritt", so hat *ngš* ni. wie in 25,1 durchaus forensischen Charakter und kommt einer Anklage gleich. 25,11 spricht wie 25,1–3 von *ʾ^{a}nāšîm* „Männern" und *nkh* „schlagen", greift aber zugleich mit *ʾ^{a}nāšîm jaḥdāw ʾîš w^{e}ʾāḥîw … ʾešæt hāʾæḥād* „(zwei) Männer miteinander, ein Mann und sein Bruder … die Frau des einen" Anfang und Ende des Leviratsgesetzes auf – vgl. *ʾaḥîm jaḥdāw ûmet ʾaḥad … ʾešæt hammet* „(zwei) Brüder miteinander und einer von ihnen stirbt … die Frau des Verstorbenen" in 25,5a und *lāʾîš … (bêt) ʾāḥîw* „den Mann … (das Haus) seines Bruders" in 25,9b. Eine assoziative Verbindung von 25,1–3 und 25,11–12 dürfte schon in der Abfolge der Gesetze von Ex 21,18–19 und 22–25 vorgegeben und von ihr angeregt worden sein, zumal es zwischen diesen Bestim-

---

zeugende Exegese des deuteronomischen Leviratsehegesetzes gibt *Westbrook*, „Law"). Nach *Noonan* („Muzzled Ox," 174) „‚Do not muzzle the threshing ox' means an Israelite should not prevent conception. ‚Ox' stands for Israel, as it does in Deut. 22:10. ‚Threshing' is used to mean ‚emitting semen', as it is used in the Babylonian Talmud (Yeb. 34b), to disapprove of ‚threshing inside' and ‚winnowing outside', another circumlocution for Onan's deed". Doch muß *Noonan* einschränken: „The metaphor is imperfect, because the threshing and the eating of the ox are two anatomically distinct acts" (a.a.O.).

2 Gegen *Eslinger*, „Drafting Techniques," 223, der zuletzt diese These im Anschluß an *Carmichael*, „‚Treading'," 250–252, und *Noonan*, „Muzzled Ox," 174, vertreten hat.

3 Die chiastische Struktur, die *Eslinger*, „More Drafting Techniques," 222f, entwickelt, vermischt verschiedene Ebenen, so daß die Gemeinsamkeiten teils in der Syntax, teils im Vokabular liegen. So bezieht er zum Beispiel 25,4 und 12b nur wegen ihrer Formulierung als apodiktische Verbote aufeinander. Die V. 7–8 sind dagegen streng konzentrisch (nicht – wie behauptet – chiastisch) angelegt. V. 9a*, der als Parallelzeile zu den V. 7–8 angegeben wird, entspricht aber bloß V. 7ba*. Manche Passagen wie V. 9b bleiben überhaupt ohne Gegenstück.

4 Vgl. *Rofé*, „Laws," 276; doch geht es in 25,11–12 um mehr als eine Entehrung des fremden Mannes.

mungen auch gemeinsame Stichwörter gibt (*nkh* hi. in Ex 21,18.19 und Dtn 25,2.3; *nṣh ʾᵃnāšîm* ni. [„raufen“ mit Subjekt „Männer“] im Bundesbuch nur Ex 21,22 und im Dtn nur 25,11). Die beiden Rechtssätze des Bundesbuches schützen innerhalb der altisraelitischen Sammlung der Körperverletzungsfälle Ex 21,18–32 den freien Israeliten beziehungsweise die schwangere Israelitin und sind redaktionell aufeinander bezogen.[5] Dtn 25,11–12 ist vielleicht gesatzt worden, weil dieser Sonderfall nicht in Analogie zu Ex 22,22 durch Bußgeld beigelegt werden durfte. Das in Dtn 25,12 an der Frau statuierte Exempel entspricht vielmehr der taliomäßigen Behandlung des Mannes in Ex 21,23–25 und schließt eine Gesetzeslücke. Vor diesem Hintergrund wäre der Übergriff der Frau nicht nur als eine Schamlosigkeit zu verstehen. Wenn ihr dafür die Hand abgehackt wird, würde das gewissermaßen nach dem Gesetz der *talio* geschehen. Daß die Talionsformel in Dtn 25,12 trotzdem nicht zitiert wird, könnte damit zusammenhängen, daß Tat und Strafe einander doch nicht genau entsprechen. Nun wird auch nach dem Leviratsgesetz in 25,10 die Familie des eheunwilligen Schwagers auf ähnliche Weise talionsartig, das heißt in gewisser Entsprechung zur Unterlassung, durch den Schimpfnamen „Barfüßerhaus“ für immer gebrandmarkt. Damit gibt es zwischen den beiden Gesetzen des 9. Gebots nochmals eine Gedankenbrücke.

[5] S. dazu zum Beispiel *Otto, Wandel*, 24–31; *ders., Rechtsgeschichte*, 135–160. Die sklavenrechtliche Regelung Ex 21,20–21 fehlt im Dtn; denn dort ist der Sklave beziehungsweise die Sklavin ja „Bruder“ (Dtn 15,12).

XI. Dtn 25,13–16 – Zehntes Gebot: Kein falsches Gewicht und Maß verwenden

25,13–16 konkretisiert das 10. Dekalogsgebot (5,21b). Wenn schon das Besitzen, nicht erst der Gebrauch, von falschem Gewicht und Maß verboten wird, entspricht das dem „Begehren“ (*'wh* hitp.) des Hauses des Nächsten. Bereits die Möglichkeit, sich fremdes Gut betrügerisch anzueignen, muß verhindert werden.

Das Gesetz ist thematisch und formulierungsmäßig von den Gesetzen des 9. Gebots abgesetzt.[1] An das 8. Gebot könnte eventuell der juristische Ausdruck (*'æbæn* beziehungsweise *'êpâ*) *ṣædæq* „gerechtes Gewicht/Hohlmaß“ in 25,15 erinnern, weil dort in 25,1 mit *ṣdq* hi. *ṣadîq* „dem, der im Recht ist, Recht geben“ die gleiche Wurzel verwendet wird. Ganz entfernt gilt das auch für den mit *ṣædæq* kontrastierenden Begriff *ᶜāwæl* „Unrecht“ in 25,16. Wäre 25,13–16 assoziativ an den vorausgehenden Gebotsbereich angehängt worden, könnte man das Gesetz nur schwer als neuen Gebotsbereich erkennen. Jetzt liegt die einzige Gedankenbrücke in der Abfolge der Dekalogsgebote.

[1] Nach *Rofé*, „Laws,“ 276, meine der Volksmund mit „Steinen“ die weiblichen(!) Genitalien. Dadurch bestünde eine Assoziationsbrücke von 25,13 zum männlichen Geschlechtsorgan in 25,11. Ähnlich schon zuvor *Kaufman*, „Structure,“ 157 Anm. 113. Beide Autoren verweisen auf Koh 3,5, wo rabbinische Auslegungstradition hinter dem „Steinewerfen und -sammeln“ einen Euphemismus für ehelichen Verkehr vermutet. Gegen einen solchen Beiklang spricht, daß Dtn 25,13 nicht einfach von *'ᵃbānîm* „Steinen“ redet, sondern von *'æbæn wā'ābæn gᵉdôlâ ûqᵉṭannâ*, „einem größeren und einem kleineren Gewicht (Stein)“. Ferner geht 25,13a.16a* auf Spr 20,10 (vgl. 20,23 und 11,1) zurück, wo eine sexuelle Konnotation ausgeschlossen ist. Und schließlich wäre eine verdeckte Anspielung auf Geschlechtliches dem sachlichen Verständnis von Dtn 25,13–16 nur hinderlich.

XII. Dtn 25,17–26,16 – Der Abschluß des deuteronomischen Kodex

(1) Das Amalekitergesetz Dtn 25,17–19 gehört nicht mehr zur Dekalogsauslegung, sondern ist Teil eines geschichtlichen Aussagensystems des Deuteronomistischen Geschichtswerks.[1] Im deuteronomischen Kodex dient dieses politische Vermächtnis des Mose redaktionell als Struktursignal. 25,17 ist – abgesehen vom kontextgemäßen Bezug auf Amalek beziehungsweise Mirjam – formulierungsident mit 24,9. Die beiden historischen Reminiszenzen rahmen jetzt die Einzelgesetze des 8., 9. und 10. Gebots. 25,19 aber klammert auf 12,9–10 zurück und beschließt dadurch das gesamte Gesetzeskorpus.[2]

(2) 26,1 knüpft an die Rahmenverse von Kapitel 19–25 an: 26,1a nimmt mit dem Landgabesatz die entsprechende Aussage von 25,19 auf, 26,1b klammert durch die Verbverbindung *yrš* q. „in Besitz nehmen" + *yšb* „wohnen" an 19,1 zurück.[3] In 25,19–26,1 enden somit die Inklusionen der Bereiche des 1. bis 10. beziehungsweise 5. bis 10. Dekalogsgebots:

A	12,9	*hannaḥ*^{a}*lâ* ʾ^{a}*šær YHWH* ʾ^{æ}*lohâkā noten lāk*
B	12,10	*nḥl* hi. + *nwḥ* hi.
C	19,1	*yrš* q. + *yšb*
B'	25,19a*	*nwḥ* hi.
A'	25,19a*	*bāʾāræṣ* ʾ^{a}*šær YHWH* ʾ^{æ}*lohâkā noten l*^{e}*kā naḥ*^{a}*lâ l*^{e}*rištāh*

---

[1] *Braulik*, „Konzeption," 31 (= *Studien*, 221f).

[2] *Carmichael*, „Laws," 200–206, erklärt das Hintereinander der Gesetze 25,13–16 und 25,17–19 aus der geschichtlichen Überlieferung: Die Verordnung über korrektes Gewicht und Maß sei vor dem Hintergrund der Mannatradition in Ex 16 gestaltet worden, die ihrerseits auf Spr zurückgehe. Die in Ex 17 folgende Amalekiter-Erzählung habe dann auch im Dtn den Anschluß des Amalekitergesetzes veranlaßt. Gegen diese komplizierte Entwicklungsgeschichte von Dtn 25,13–16 spricht u. a., daß Ex 16 von den Gewichten schweigt und beim Gomer betont, daß jeder Israelit unabhängig von seiner Sammeltätigkeit ein gleich volles Maß erhielt. In 25,13–16 aber geht es um *richtige* Maße und Gewichte. Im übrigen verweist 25,17–19 einerseits durch eine extrem formelhafte Redeweise in V. 17.19aα auf ganz bestimmte Stellen des dtn Gesetzeskorpus, andererseits geht die Darstellung von V. 18.19aβ.b nicht nur über Ex 17,8–16 hinaus, sondern steht auch durch einen im Dtn singulären Wortgebrauch ganz isoliert. Die Inklusion *zākôr* „denk daran..." (V. 17a) und *loʾ tiškāḥ* „du sollst nicht vergessen" (V. 19b) hebt die Perikope außerdem noch deutlich von ihrem unmittelbaren Kontext ab.

[3] Die Verbkombination *yrš* + *yšb* wird in Dtn 12–26 – abgesehen von 19,1 und 26,1 – noch in 12,29 und 17,14 verwendet.

A’	26,1a	*hāʾāræṣ ʾ^{a}šær YHWH ʾ^{æ}lohǣkā noten l^{e}kā naḥ^{a}lâ*
C	26,1b	*yrš* q. + *yšb*
A	12,9	„der Erbbesitz, den YHWH, dein Gott, dir gibt“
B	12,10	„als Erbbesitz verteilen“ + „Ruhe verschaffen“
C	19,1	„in Besitz nehmen“ + „wohnen“
B’	25,19a*	„Ruhe verschaffen“
A’	25,19a*	„in dem Land, das YHWH, dein Gott, dir als Erbbesitz gibt, damit du es in Besitz nimmst“
A’	26,1a	„das Land, das YHWH, dein Gott, dir als Erbbesitz gibt“
C	26,1b	„in Besitz nehmen“ + „wohnen“

Danach aber lenken die beiden liturgischen Anhänge 26,1–11 und 26,12–15 zum Zentralheiligtum zurück, an den *māqôm ʾ^{a}šær yibḥar YHWH ʾ^{æ}lohǣkā,* den „Ort, den YHWH, dein Gott, auswählt“ (26,2)[4] beziehungsweise *lipnê YHWH ʾ^{æ}lohǣkā* „vor YHWH, deinem Gott“ (26,5 und 26,13). Die Formel von der Erwählung der Stätte findet sich im deuteronomischen Kodex nur in den Kapiteln 12–18, fehlt also in dem von 19,1 und 26,1 umschlossenen Gesetzesblock.

Über den gemeinsamen Ort hinaus sind die zwei Rituale – die Rubriken und Bekenntnisformeln samt Gebet für die Darbringung der Erstlingsfrüchte in 26,1–11 und das Unschuldsbekenntnis und Gebet nach der Ablieferung des Drittjahreszehnten in 26,12–15 – auch sachlich und formulierungsmäßig aufeinander bezogen.[5] Die Erstlingserträge des Ackers beweisen, daß die Israeliten in das Land gezogen sind, es von Jahwe bekommen haben, wie er es ihren Vätern geschworen hat, ein Land, wo Milch und Honig fließen (26,3 beziehungsweise 9). Wenn sie ihrerseits

[4] Zur Erwählungsformel tritt in 26,2 die Bestimmung *l^{e}šakken š^{e}mô šām* „indem er dort seinen Namen wohnen läßt“, die sich im deuteronomischen Gesetz zum ersten Mal in 12,11 findet. So korrespondieren 12,9–10 mit 25,17–19 und 12,11 mit 26,2. Das regelmäßige Hintereinander der durch gemeinsame Formeln miteinander verbundenen Texte widerspricht einem „concentric arrangement“ (gegen *Rofé,* „Laws,“ 276f).

[5] Vgl. die Abfolge der Gesetze über den Zehnten für das Mahl am Zentralheiligtum in 14,22–27 und über den Drittjahreszehnten zur Versorgung der Sozialfälle in 14,28–29. Nach *Klostermann, Pentateuch,* 273, verhalten sich „die beiden in 26,1–15 vorgeschriebenen Gebete ... auch so zueinander, daß das erste ein Bekenntnis des Dankes für die Treue und Güte ist, mit der *Jahwe* durch geschichtliche Fügungen ... sich zu Israel als seinem Volk bekannt hat; daß das zweite aber in eine Bitte um den ferneren Segen Jahwes im heiligen Lande ausgeht, welche sich auf das gute Gewissen des *Betenden* stützt...“.

den Zehnten der Ernte zur Versorgung der Sozialfälle abliefern, dürfen sie den weiteren Segen Jahwes für dieses ihr Land erwarten (26,15). Die in 26,3 und 9 gebrauchten Wendungen werden in 26,15 summiert:

A *ʾæl hāʾāræṣ* ^{ʾa}*šær nišba*^{c} *YHWH la*^{ʾa}*botênû lātæt lānû* (V. 3)

B *wayyittæn lānû ʾæt hāʾāræṣ hazzoʾt ʾæræṣ zābat ḥālāb ûd*^{e}*bāš* (V. 9)

A+B *ʾet hā*^{ʾa}*dāmâ* ^{ʾa}*šær nātattâ lānû ka*^{ʾa}*šær nišba*^{c}*tā la*^{ʾa}*botênû ʾæræṣ zābat ḥālāb ûd*^{e}*bāš* (V. 15).

A „in das Land, von dem YHWH unseren Vätern geschworen hat, es uns zu geben“ (V. 3)

B „und er gab uns dieses Land, das Land, wo Milch und Honig fließen“ (V. 9)

A+B „das Land, das du uns gegeben hast, wie du es unseren Vätern geschworen hattest, das Land, wo Milch und Honig fließen“ (V. 15).

Die Rückbezüge von 25,19 und 26,1–11 auf Kapitel 12 münden in die abschließende Rahmung des deuteronomischen Kodex durch 26,16. Als Klammer dient dabei der zuletzt in 12,1 belegte Doppelausdruck *ḥuqqîm ûmišpāṭîm* „Gesetze und Rechtsvorschriften“.[6]

[6] S. dazu zuletzt *Lohfink*, *„ḥuqqîm ûmišpāṭîm,“* passim.

XIII. Zu Art, Datierung und Hermeneutik der Redaktion

(1) Die Dispositionsanalysen der drei Gesetzesblöcke haben deutliche Unterschiede zwischen der Systematisierung des „Privilegrechts“ (12,2 – 16,17) wie des „Verfassungsentwurfes“ (16,18 – 18,22) einerseits und des „Straf- und Zivilrechts“ (19 – 25) andererseits gezeigt. Erstens sind die Opfertexte, die sich nur in Dtn 12 – 18 und 26 finden, nach einem einheitlichen Schema und in einer umfassenden palindromischen Struktur miteinander verklammert. Zweitens lassen sich die Gesetzesgruppen dieser Kapitel, vor allem 14,1–21, erst durch *relecture* in das Dekalogsmuster einbeziehen. Während dann in Kapitel 12–18 die einzelnen Gebotsbereiche einfach aufeinander folgen (12,2 – 13,19; 14,1–21; 14,22 – 16,17; 16,18 – 18,22), werden sie in den Kapiteln 19 – 25 redaktionell unterschiedlich zusammengefügt. So steht zwischen den Gesetzen des 5. und 6. Dekalogsgebots ein eigener Übergangstext (22,1–12), in dem Gesetze aus beiden Bereichen (19 – 21 bzw. 22,13 – 23,15) ineinander geschoben sind (22,1–4.6–8 und 22,5.9–12). Die Gesetzesgruppen des 6. und 7. Gebots sind so miteinander verbunden, daß ein Sexualgesetz (23,18–19) gleich am Anfang, zwei weitere (24,1–4; 24,5) gegen Ende der Eigentumsgesetze (23,16 – 24,7*) eingehängt sind. Dabei geht es um Grenzfälle, die einen zu beiden Bereichen gehörenden Rechtsstoff behandeln. Die Zahl der Gesetze zwischen den „Klammerparagraphen“ genügt, um den neuen Gebotsbereich als solchen zu kennzeichnen. Das gilt nicht nur für das 7., sondern auch für das kürzere kommentierte 8. Gebot. Doch stehen hier die Eigentumsgesetze (24,19–22; 25,4) erst am Ende der Gerichtsgesetze (24,8 – 25,4*). Die Technik, das vorausgehende Thema noch in das folgende Sachgebiet hineinzuziehen, fehlt beim 9. und 10. Gebot. Offenbar ist der Umfang von zwei (25,5–10; 25,11–12) bzw. einem Gesetz (25,13–16) dafür zu gering. Die Art der redaktionellen Verknüpfung der Gebotsbereiche dürfte also im dritten Gesetzesblock (19 – 25) mit ihrem Umfang zusammenhängen.[1]

---

[1] Tatsächlich nimmt die Zahl der Gesetze, die redaktionell einem bestimmten Gebotsbereich zugeordnet sind, und auch die Länge der Gebotsbereiche selbst vom 5. Gebot an kontinuierlich ab. Legt man die Paragrapheneinteilung der Einheitsübersetzung zugrunde, ergibt sich folgendes Bild:

5. Gebot (19 – 21; 22,1–4.6–8): 17 Gesetze / 71 Verse
6. Gebot (22,5.9–29; 23,1–15.18–19; 24,1–5): 13 Gesetze / 44 Verse

(2) Die Datierung der Redaktion, die vor allem in Dtn 19–25 die Gesetze nach der Abfolge der Dekalogsgebote angeordnet hat, könnte davon ausgehen, daß die Gesetze von etwa Kapitel 21 bis 25 am wenigsten von dtn Sprache geprägt sind. Hinter ihnen steht eine Intention, die nicht primär „bundestheologisch" oder paränetisch, sondern ausgesprochen juristisch interessiert ist. Auch wird hier am häufigsten innerhalb des Gesetzeskorpus auf das Material des Bundesbuches (Ex 21–23) Bezug genommen. Nur innerhalb der Kapitel 19–25 sind die sogenannten *biʿartā*-Gesetze[2] jeweils dem richtigen Dekalogsgebot zugeordnet.[3] Aus diesen Fakten und den oben genannten Unterschieden zwischen den Gesetzesblöcken läßt sich für die Entwicklungsgeschichte des dtn Gesetzeskorpus folgern: Wahrscheinlich war Dtn 12–18 (und 26) im wesentlichen bereits der Redaktion vorgegeben, die den dtn Kodex nach dem Dekalog verstehen und dann das als unvollständig empfundene Gesetzbuch im Sinn des Dekalogs juristisch ergänzen wollte. Weil aber die Ämtergesetze erst während des babylonischen Exils zu einem einheitlichen Gesetzesblock redigiert worden sind,[4] dürfte die dtn Gesetzessammlung frühestens in dieser Periode in Anlehnung an den Dekalog erweitert und strukturiert worden sein. Damit ist nichts über das Alter der dort aufgenommenen Gesetze gesagt. Doch bilden die Gesetze der Kapitel 21–25 redaktionsgeschichtlich wohl den jüngsten Abschnitt des dtn Kodex.

Vielleicht läßt sich der Zeitpunkt durch die nachgewiesene literarische Abhängigkeit der Sozial-Tora 24,10–17(18) von Ez 18,5–20 noch weiter präzisieren. Denn die Abfassung des Ez-Textes dürfte den terminus ante

---

7. Gebot (23,16–17.20–26; 24,6–7.19–22; 25,4): 9 Gesetze / 16 Verse
8. Gebot (24,8–18; 25,1–3): 6 Gesetze / 14 Verse
9. Gebot (25,5–12): 2 Gesetze / 8 Verse
10. Gebot (25,13–16): 1 Gesetz / 4 Verse

Vermutlich spiegelt sich in der Ausführlichkeit, mit der die einzelnen Dekalogsgebote in Kapitel 19–25 „kommentiert" werden, auch ihre Bedeutung. Der Umfang der Dekalogsauslegung bekräftigt dann vielleicht, was *Kaufman*, „Second Table," 115, aufgrund eines Vergleichs mit Hauptkategorien altorientalischer Rechtskodizes als Erklärung der Reihenfolge des 5. bis 8. Gebots im Dekalog gibt: „It is all a matter of priorities."

[2] Gegen *Hossfeld, Dekalog*, 279f, besonders Anm. 247.

[3] So sind die Gesetze 19,11–13.16–21; 21,1–9.18–21 dem 5., 22,13–21.22.23–27 dem 6. und 24,7 dem 7. Dekalogsgebot zugewiesen.

[4] *Lohfink*, „Sicherung," 149. *Rüterswörden, Gemeinde*, 89–111, rechnet mit einer deuteronomischen Grundschicht, die erst im Exil deuteronomistisch überarbeitet worden ist. Unsere Redaktion setzt bereits den gesamten Verfassungsentwurf voraus.

quem non für die Redigierung von Dtn 24,10–17 bilden. Mit diesem Abhängigkeitsverhältnis läßt sich zwar nicht ausschließen, daß 24,10–17 erst eingefügt wurde, als der dtn Kodex bereits den Dekalogsgeboten entsprechend systematisiert worden war. Dabei könnte 24,18 zur Abstimmung auf 24,8–9 als redaktionelles Verbindungsglied verfaßt worden sein und seinerseits 24,19–22 und 25,4 attrahiert haben. Ursprünglich wäre dann das 8. Gebot nur durch die Gesetze 24,8–9 und 25,1–3 ausgelegt worden, die tatsächlich am besten zum Thema „Gericht" passen. Der Bereich wäre somit ähnlich kurz wie der des 9. oder 10. Gebots gewesen. Gegen eine solche oder ähnliche Hypothese spricht aber, daß sie mehr Subhypothesen zur Erklärung des gegenwärtigen Textes benötigt, als die plausible Annahme, 24,10–18 sei durch die Redaktion selbst geschaffen worden. Sie hat ihr gegenüber deshalb wissenschaftstheoretisch Nachrang. Dazu kommt, daß die Gesetze des 7. Gebots beginnend mit 23,16 in ihrer Anordnung der Reihung der Sozialbestimmungen von Ex 22,20–26 folgen. Die „Auslegung" dieser Bundesbuchsammlung reicht bis in die Sozial-Tora hinein (vgl. vor allem Ex 22,25–26 mit Dtn 24,12–13 und 24,17). Wenn es deshalb weniger wahrscheinlich ist, daß 24,10–17 zunächst unabhängig existiert hat und erst sekundär in den dtn Kodex eingesetzt wurde, dann läßt die Abhängigkeit dieses Textes von Ez auf den Termin unserer Redaktion schließen.

(3) Die „Dekalogsredaktion" des dtn Kodex hat die verschiedenen ihr vorgegebenen Einzelgesetze bzw. Gesetzessammlungen an allgemeine, die konkreten Fälle umgreifende Grundsätze, eben die Dekalogsgebote, gebunden und ihnen mit dem Dekalog eine integrierende Mitte gegeben. Sie hat damit – über die altorientalischen Rechtssammlungen gemeinsamen Redigierungstechniken hinaus – auf ihre Weise eine Entwicklung fortgesetzt, die auch schon das Bundesbuch gegenüber dem altbabylonischen Recht zeigt.[5] Die einzelnen Gesetze werden dadurch nicht auf eine Grundsatzregel reduziert, müssen aber jetzt im Kontext der ganzen Redaktion interpretiert werden. Umgekehrt konkretisiert und aktualisiert dieses ausdifferenzierte Recht die Dekalogsgebote, was hermeneutisch für neue Situationen eine Fortschreibung geradezu fordert. Diese Dekalogskommentierung braucht allerdings mit einer modernen historisch-kritischen Exegese des Dekalogs nicht unbedingt übereinzustimmen.
Ist die Hypothese dieser Studie richtig, dann ergibt sich daraus unter anderem die folgende hermeneutisch wichtige Konsequenz. Der Dekalog

---

[5] S. dazu *Otto,* „Rechtssystematik," 196f; *ders., Rechtsgeschichte,* 178–181.

wurde von Israel „niemals als ein absolutes moralisches Sittengesetz verstanden".[6] Nach dtn Redaktionsentscheid darf er nicht vom Gesetz gelöst werden, das ihn auslegt. Dieser Bezug des Dekalogs auf die Einzelgesetze als seinen Kontext ist zwar – wie schon seine Parallele in Ex 20 beweist – zeitgebunden. Doch gibt es seither hermeneutisch kein Zurück mehr hinter das Prinzip einer solchen Verbindung von Dekalog und Einzelgesetzen als seinen Durchführungsbestimmungen. Im Gesetz erhält der Dekalog seine „positive Füllung" und vermag so „das Leben positiv inhaltlich zu normieren".[7] Umgekehrt kann die vom Dekalog her systematisierte dtn Gesetzessammlung nach dem Dekalogsprolog (Dtn 5,6) nur unter der Voraussetzung jener Freiheit verwirklicht werden, zu der Jahwe sein Volk erlöst hat.

---

[6] *V. Rad, Theologie*, 207.

[7] Gegen *v. Rad, Theologie*, 208, der dem Dekalog mit diesen Wendungen abspricht, „Anweisung zum moralischen Leben" sein zu können. Ebenso gegen *Crüsemann, Bewahrung*, 8–13, 81f.

Literaturverzeichnis

Airoldi, Norberto, „La cosidetta ‚decima' israelitica antica," *Bib* 55 (1974) 179–210.
Albertz, Rainer, „Hintergrund und Bedeutung des Elterngebots im Dekalog," *ZAW* 90 (1978) 348–374.

Barbiero, Gianni, L'asino del nemico: Non violenza e amore del nemico nella legislazione dell'Antico Testamento (Es 23,4–5; Dt 22,1–4; Lv 19,18) (Diss. Mschr.; St. Georgen/Frankfurt a.M.: 1988).
Braulik, Georg, „Die Ausdrücke für ‚Gesetz' im Buch Deuteronomium," *Bib* 51 (1970) 39–66 (= *Studien,* 11–38).
Ders., „Weisheit, Gottesnähe und Gesetz – Zum Kerygma von Deuteronomium 4,5–8," *Studien zum Pentateuch: FS Walter Kornfeld* (Hg. v. Georg Braulik; Wien: Herder, 1977) 165–195 (= *Studien,* 53–93).
Ders., „Gesetz als Evangelium: Rechtfertigung und Begnadigung nach der deuteronomischen Tora," *ZThK* 79 (1982) 127–160 (= *Studien,* 123–160).
Ders., „Zur deuteronomistischen Konzeption von Freiheit und Frieden," *Congress Volume Salamanca 1983* (Hg. v. John A. Emerton u. a.; VT.S 36; Leiden: Brill, 1985) 29–39 (= *Studien,* 219–230).
Ders., „Die Abfolge der Gesetze in Deuteronomium 12–26 und der Dekalog," *Das Deuteronomium: Entstehung, Gestalt und Botschaft* (Hg. v. Norbert Lohfink; BEThL LXVIII; Leuven: Peeters, 1985) 252–272 (= *Studien,* 231–255).
Ders., Deuteronomium 1–16,17 (NEB 15; Würzburg: Echter, 1986).
Ders., „Zur Abfolge der Gesetze in Deuteronomium 16,18–21,23. Weitere Beobachtungen," *Bib* 69 (1988) 63–92.
Ders., Studien zur Theologie des Deuteronomiums (SBAB 2; Stuttgart: Kath. Bibelwerk, 1988).
Ders., „Die Funktion von Siebenergruppierungen im Endtext des Deuteronomiums," *Ein Gott – eine Offenbarung: FS Notker Füglister* (Hg. v. Friedrich V. Reiterer; Würzburg: Echter, 1991) 37–50.
Breit, Herbert, Die Predigt des Deuteronomisten (München: Kaiser, 1933).

Carmichael, Calum M., „Deuteronomic Laws, Wisdom, and Historical Traditions," *JSS* 12 (1967) 198–206.
Ders., The Laws of Deuteronomy (Ithaca/London: Cornell University Press, 1974).
Ders., „A Common Element in five Supposedly Disparate Laws," *VT* 29 (1979) 129–142.
Ders., „‚Treading' in the Book of Ruth," *ZAW* 92 (1980) 248–266.
Ders., „Forbidden mixtures," *VT* 32 (1982) 394–415.
Ders., Law and Narrative in the Bible: The Evidence of the Deuteronomic Laws and the Decalogue (Ithaca/New York/London: Cornell University Press, 1985).
Ceresko, Anthony R., „The Functions of *Antanaclasis* (*mṣ'* ‚to find' // *mṣ'* ‚to reach, overtake, grasp') in Hebrew Poetry, especially in the Book of Qohelet," *CBQ* 44 (1982) 551–569.
Cholewiński, Alfred, Heiligkeitsgesetz und Deuteronomium: Eine vergleichende Studie (AnBib 66; Rom: Biblical Institute Press, 1976).

Craigie, Peter C., The Book of Deuteronomy (The New International Commentary on the Old Testament; Grand Rapids/Mich.: Eerdmans, 1976).

Crüsemann, Frank, Bewahrung der Freiheit: Das Thema des Dekalogs in sozialgeschichtlicher Perspektive (KT 78; München: Kaiser, 1983).

Daube, David, „The Culture of Deuteronomy," *Orita* 3 (1969) 27–52.

Ders., „To be Found Doing Wrong," *FS Eduardo Volterra* (Vol. 2; Pubblicazioni della Facoltà di Giurisprudenza dell'Universita di Roma 41; Milano: Guiffrè, 1971) 1–13.

Dempster, Stephen, „The Deuteronomic Formula *kî yimmāṣēʾ* in the Light of Biblical and Ancient Near Eastern Law: An Evaluation of David Daube's Theory," *RB* 91 (1984) 188–211.

Eichler, Barry L., „Literary Structure in the Laws of Eshnunna," *Language, Literature and History: FS Erica Reiner* (Hg. v. F. Rochberg-Halton; AOS 67; New Haven: American Oriental Society, 1987) 71–84.

Eslinger, Lyle M., „More Drafting Techniques in Deuteronomic Laws," *VT* 34 (1984) 221–226.

Finkelstein, Jacob J., „Sex Offenses in Sumerian Laws," *JAOS* 86 (1966) 355–372.

Fishbane, Michael, „Accusations of Adultery: A Study of Law and Scribal Practice in Numbers 5,11–31," *HUCA* 45 (1974) 25–45.

Ders., „Biblical Colophons, Textual Criticism and Legal Analogies," *CBQ* 42 (1980) 438–449.

Guilding, A. E., „Notes on the Hebrew Law Codes," *JTS* 49 (1948) 43–52.

Haase, Richard, Einführung in das Studium keilschriftlicher Rechtsquellen (Wiesbaden: Harrassowitz, 1965).

Hossfeld, Frank-Lothar, Der Dekalog: Seine späten Fassungen, die originale Komposition und seine Vorstufen (OBO 45; Freiburg/Schweiz: Universitätsverlag; Göttingen: Vandenhoeck & Ruprecht, 1982).

Kaiser, Otto, Einleitung in das Alte Testament: Eine Einführung in ihre Ergebnisse und Probleme (Gütersloh: Gütersloher Verlagshaus G. Mohn, [5]1978).

Kaufman, Stephen A., „The Structure of the Deuteronomic Law," *Maarav* 1/2 (1978/79) 105–158.

Ders., „The Second Table of the Decalogue and the Implicit Categories of Ancient Near Eastern Law," *Love and Death in the Ancient Near East: Essays in Honor of Marvin H. Pope* (Hg. v. John H. Marks/Robert M. Good; Guildford/Connecticut: Four Quarters Publishing Company, 1987) 111–116.

Keel, Othmar, Das Böcklein in der Milch seiner Mutter und Verwandtes: Im Lichte eines altorientalischen Bildmotivs (OBO 33; Freiburg/Schweiz: Universitätsverlag; Göttingen: Vandenhoeck & Ruprecht, 1980).

Kellermann, Ulrich, „Erwägungen zum deuteronomischen Gemeindegesetz Dt 23,2–9," *BN* 2 (1977) 33–47.

Klostermann, August, Der Pentateuch. Beiträge zu seinem Verständnis und seiner Entstehungsgeschichte. Neue Folge (Leipzig: A. Deichert, 1907).

Lisowsky, Gerhard, „Dtn 25,4 *lʾ thsm šwr bdjšw* Du sollst dem Rinde bei seinem

Dreschen nicht das Maul verbinden: In religionsgesetzlicher und ethischer Sicht erläutert," *Das ferne und nahe Wort: FS Leonhard Rost* (Hg. v. Fritz Maass/ Georg Fohrer; BZAW 105; Berlin: Töpelmann, 1967) 144–152.

Locher, Clemens, Die Ehre einer Frau in Israel: Exegetische und rechtsvergleichende Studien zu Deuteronomium 22,13–21 (OBO 70; Freiburg/Schweiz: Universitätsverlag; Göttingen: Vandenhoeck & Ruprecht, 1986).

Lohfink, Norbert, Das Hauptgebot: Eine Untersuchung literarischer Einleitungsfragen zu Dtn 5–11 (AnBib 20; Rom: Pontificio Instituto Biblico, 1963).

Ders., „Die Sicherung der Wirksamkeit des Gotteswortes durch das Prinzip der Schriftlichkeit der Tora und durch das Prinzip der Gewaltenteilung nach den Ämtergesetzen des Buches Deuteronomium (Dt 16,18–18,22)," *Testimonium Veritati: FS Wilhelm Kempf* (Hg. v. H. Wolter; FThSt 7; Frankfurt a.M.: Knecht, 1971) 143–155 (= *Studien I*, 305–323).

Ders., „Die These vom ‚deuteronomistischen' Dekaloganfang – ein fragwürdiges Ergebnis atomistischer Sprachstatistik," *Studien zum Pentateuch: FS Walter Kornfeld* (Hg. v. Georg Braulik; Wien: Herder, 1977) 99–109 (= *Studien I*, 363–378).

Ders., „Kerygmata des deuteronomistischen Geschichtswerks," *Die Botschaft und die Boten: FS Hans Walter Wolff* (Hg. v. Jörg Jeremias/Lothar Perlitt; Neukirchen-Vluyn: Neukirchener, 1981) 87–100.

Ders., *„ḥāram,"* *ThWAT* III: 192–213.

Ders., *„jāraš,"* *ThWAT* III: 953–985.

Ders., *Das Privilegrecht Jahwes im Buch Deuteronomium. Vorlesungen über Dtn 12–16 und 26* (Vorlesungsskript Frankfurt a.M.: Hochschule St. Georgen, 1982).

Ders., „Die *ḥuqqîm ûmišpāṭîm* im Buch Deuteronomium und ihre Neubegrenzung durch Dtn 12,1," *Bib* 70 (1989) 1–30.

Ders., „Dtn 12,1 und Gen 15,18: Das dem Samen Abrahams geschenkte Land als Geltungsbereich der deuteronomischen Gesetze," *Die Väter Israels: Beiträge zur Theologie der Patriarchenüberlieferungen im Alten Testament* [FS Josef Scharbert] (Hg. v. Manfred Görg; Stuttgart: Kath. Bibelwerk, 1989) 183–210.

Ders., *Studien zum Deuteronomium und zur deuteronomistischen Literatur I* (SBAB 8; Stuttgart: Kath. Bibelwerk, 1990).

Ders., „Das deuteronomische Gesetz in der Endgestalt – Entwurf einer Gesellschaft ohne marginale Gruppen," *BN* 51 (1990) 25–40.

Ders., „2 Kön 23,3 und Dtn 6,17," *Bib* 71 (1990) 34–42.

Ders., „Gibt es eine deuteronomistische Bearbeitung im Bundesbuch?," (erscheint in einem Sammelband von BEThL).

Ders., „Opfer und Säkularisierung im Deuteronomium," (unpubliziert).

Mayes, Andrew D. H., Deuteronomy (NCBC; Grand Rapids/Mich.: Eerdmans; London: Marshall, Morgan & Scott, 1981).

Merendino, Rosario P., Das deuteronomische Gesetz: Eine literarkritische, gattungs- und überlieferungsgeschichtliche Untersuchung zu Dt 12–26 (BBB 31; Bonn: Hanstein, 1969).

Nebeling, Gerhard, Die Schichten des deuteronomischen Gesetzeskorpus: Eine traditions- und redaktionsgeschichtliche Analyse von Dtn 12–26 (Diss. Mschr.; Münster: 1970).

Niehr, Herbert, Herrschen und Richten: Die Wurzel špṭ im Alten Orient und im Alten Testament (FzB 54; Würzburg: Echter, 1986).
Noonan, John T., „The Muzzled Ox," *JQR* 70 (1980) 172–175.
Noth, Martin, Das Buch Josua (HAT 1/7; Tübingen: Mohr, ²1953).
Ders., Überlieferungsgeschichtliche Studien. Die sammelnden und bearbeitenden Geschichtswerke im Alten Testament (Tübingen: Niemeyer, ³1967).

Otto, Eckart, „Rechtssystematik im altbabylonischen ‚Codex Ešnunna' und im altisraelitischen ‚Bundesbuch': Eine redaktionsgeschichtliche und rechtsvergleichende Analyse von CE §§ 17; 18; 22–28 und Ex 21,18–32; 22,6–14; 23,1–3.6–8," *UF* 19 (1987) 175–197.
Ders., Wandel der Rechtsbegründungen in der Gesellschaftsgeschichte des antiken Israel: Eine Redaktionsgeschichte des „Bundesbuches" Ex XX 22 – XXIII 13 (SB III; Leiden: Brill, 1988).
Ders., Rechtsgeschichte der Redaktionen im Kodex Ešnunna und im „Bundesbuch": Eine redaktionsgeschichtliche und rechtsvergleichende Studie zu altbabylonischen und altisraelitischen Rechtsüberlieferungen (OBO 85; Freiburg/Schweiz: Universitätsverlag; Göttingen: Vandenhoeck & Ruprecht, 1989).
Ders., „Soziale Verantwortung und Reinheit des Landes: Zur Redaktion der kasuistischen Rechtssätze in Deuteronomium 19–25," (unpubliziert).

Petschow, Herbert, „Zur Systematik und Gesetzestechnik im Codex Hammurabi," *ZA* 57 (1965) 146–172.
Ders., „Zur ‚Systematik' in den Gesetzen von Eschnunna," *Symbolae juridicae et historicae Martino David dedicatae* (Hg. v. J. A. Ankum u. a.; Bd. 2 *[Iura Orientis Antiqui]*; Leiden: Brill, 1968) 131–143.
Phillips, Anthony, Ancient Israel's Criminal Law: A New Approach to The Decalog (Oxford: Blackwell, 1970).
Ders., Deuteronomy (The Cambridge Bible; Cambridge: University Press, 1973).
Ders., „Uncovering the Fathers Skirt," *VT* 30 (1980) 38–43.
Philo von Alexandrien, Die Werke in deutscher Übersetzung (Hg. v. Leopold Cohn u. a.; Bd. 1; Berlin: de Gruyter, ²1962) 371–409.
Preuss, Horst Dietrich, Deuteronomium (EdF 164; Darmstadt: Wissenschaftliche Buchgesellschaft, 1982).

Rad, Gerhard v., Theologie des Alten Testaments. Band I: Die Theologie der geschichtlichen Überlieferungen Israels (München: Kaiser, ⁶1968).
Römer, Willem H. Ph., „Randbemerkungen zur Travestie von Deut. 22,5," *Travels in the World of the Old Testament: FS Martinus A. Beek* (Hg. v. M. S. H. G. Heerma van Voss u. a.; SSN 16; Assen: Van Gorcum, 1974) 217–222.
Rofé, Alexander, „Family and Sex Laws in Deuteronomy and the Book of Covenant," *Hen* 9 (1987) 131–159.
Ders., „The Arrangement of the Laws in Deuteronomy," *EThL* 64 (1988) 265–287.
Rose, Martin, Der Ausschließlichkeitsanspruch Jahwes: Deuteronomische Schultheologie und die Volksfrömmigkeit in der späten Königszeit (BWANT 106; Stuttgart: Kohlhammer, 1975).
Rüterswörden, Udo, Die Beamten der israelitischen Königszeit: Eine Studie zu śr und vergleichbaren Begriffen (BWANT 117; Stuttgart: Kohlhammer, 1985).
Ders., Von der politischen Gemeinschaft zur Gemeinde: Studien zu Dt 16,18–18,22 (BBB 65; Frankfurt am Main: Athenäum, 1987).

Schultz, Fr. W., Das Deuteronomium (Berlin: Schlawitz, 1895).
Schulz, Hermann, Das Todesrecht im Alten Testament (Diss. Mschr.; Marburg: 1966).
Ders., Das Todesrecht im Alten Testament: Studien zur Rechtsform der Mot-Jumat-Sätze (BZAW 114; Berlin: Töpelmann, 1969).
Seitz, Gottfried, Redaktionsgeschichtliche Studien zum Deuteronomium (BWANT 93; Kohlhammer: Stuttgart, 1971).
Steingrimsson, Sigurdur Ö., Tor der Gerechtigkeit. Eine literaturwissenschaftliche Untersuchung der sogenannten Einzugsliturgien im AT: Ps 15; 24,3–5 und Jes 33,14–16 (ATS 22; St. Ottilien: Eos, 1984).
Steuernagel, Carl, Die Entstehung des deuteronomischen Gesetzes (Halle a.S.: Krause, 1896).
Ders., Das Deuteronomium (HAT I/3,1; Göttingen: Vandenhoeck & Ruprecht, ²1923).

Thompson, John A., Deuteronomy: An Introduction and Commentary (London: Inter-Varsity-Press, 1974).

Van Der Toorn, Karel, „Female Prostitution in Payment of Vows in Ancient Israel," *JBL* 108 (1989) 193–205.

Wagner, Volker, „Der bisher unbeachtete Rest eines hebräischen Rechtskodex," *BZ* NF 19 (1975) 234–240.
Wellhausen, Julius, Die Composition des Hexateuchs und der historischen Bücher des Alten Testaments (Berlin: de Gruyter, 1963).
Wenham, Gordon J./McConville, J. Gordon, „Drafting Techniques in Some Deuteronomic Laws," *VT* 30 (1980) 248–252.
Westbrook, Raymond, „The Law of the Biblical Levirate," *RIDA* 24 (1977) 65–87.
Ders., „Biblical and Cuneiform Law Codes," *RB* 92 (1985) 247–264.
Ders., „The Prohibition on Restoration of Marriage in Deuteronomy 24:1–4," *Studies in Bible 1986* (Hg. v. Sara Japhet; Scripta Hierosolymitana XXXI; Jerusalem: Magnus Press, 1986) 387–405.
Ders., Studies in Biblical and Cuneiform Law (CRB 26; Paris: Gabalda, 1988).
Wiener, Harold M., „The Arrangement of Deuteronomy 12–26," *JPOS* 6 (1926) 185–195.

Zimmerli, Walther, Ezechiel (I. Teilband Ezechiel 1–24; BKAT XIII/1; Neukirchen-Vluyn: Neukirchener, ²1979).

Autorenverzeichnis